Rüdiger Schönrade

Ernst Jünger und das Wäldchen 125

Rüdiger Schönrade

Ernst Jünger und das Wäldchen 125

Stellungskrieg an der Westfront im Sommer 1918 und seine literarische Verarbeitung

Ein Gesamtverzeichnis der lieferbaren Titel schicken wir Ihnen gerne zu. Bitte senden Sie eine E-Mail mit Ihrer Adresse an:
vertrieb@mittler-books.de
Sie finden uns auch im Internet unter: www.mittler-books.de

Bibliografische Information der Deutschen Nationalbibliothek
Die Deutsche Nationalbibliothek verzeichnet diese Publikation in der Deutschen Nationalbibliografie; detaillierte bibliografische Daten sind im Internet über http://dnb.d-nb.de abrufbar.

ISBN 978-3-8132-0983-9

Layout: Inge Mellenthin

Printed in Europe

Einleitung 7

Ernst Jünger im Ersten Weltkrieg 19

a. Aspekte des Tagebuchschreibens 25

b. Bemerkungen zum Füsilierregiment 73 29

Zur Lage des deutschen Heeres im Sommer 1918 33

Der Kampf um das Wäldchen 125 im Juni und Juli 1918 im Tagebuch 41

a. Übernahme des Frontabschnitts 43

b. Grabenroutine 52

c. Bedrohungslage 59

d. Aufklärung durch Patrouillen 66

e. Weiterentwicklung der Taktik (Stoßtrupptaktik) 67

f. Militärische Leistungsfähigkeit in der Schlussphase des Ersten Weltkriegs 99

Das Wäldchen 125 in den ›Stahlgewittern‹ 107

›Das Wäldchen 125. Eine Chronik aus den Grabenkämpfen 1918‹ 129

Schlussbemerkungen 157

Literaturverzeichnis 161

Abbildungsverzeichnis 165

Abkürzungsverzeichnis 167

Einleitung

Im Norden Frankreichs, in der Gegend um das kleine Dorf Puisieux-au-Mont, 20 km südlich von Arras, liegt ein kleiner, nur 350 bis 500 Meter breiter und etwa 200 Meter tiefer, von einem dichten Gestrüpp umrandeter Eichenbuschwald. In französischen Karten ist dieses Gehölz mit dem Namen »Bois du Rossignol« versehen, das britische Militär nannte das Waldstück entsprechend »Rossignol Wood«. An diesem Ort sollte das aus Hannover stammende Füsilierregiment 73 im Sommer 1918 im festgefahrenen Stellungskrieg der Westfront einen Abschnitt gegen alliierte Truppen halten. In den deutschen Lagekarten der Zeit wurde das Waldstück unter der taktischen Bezeichnung »Wäldchen 125« geführt.

Der Name dieses Waldstücks ist nicht verbunden mit einer bedeutenden Offensive oder einem bemerkenswerten Gefecht in der Endphase des Ersten Weltkriegs. Dennoch sind die Vorgänge, die sich dort im Juni und Juli 1918 ereigneten, nicht ganz vergessen. Der damals 23-jährige Leutnant Ernst Jünger hat seine Erlebnisse als Kompanieführer in diesem Regiment in einem heute nur noch wenig beachteten Buch literarisch verarbeitet: »Das Wäldchen 125. Eine Chronik aus den Grabenkämpfen 1918«.[1] Der Band wurde erstmals im Oktober 1924 mit Herausgabedatum 1925 im renommierten Mittler-Verlag veröffentlicht und erlebte bis ins Jahr 1941 weitere sieben Auflagen mit insgesamt 32.000 Exemplaren. Trotz dieses Erfolgs wurde er erst wieder mit den Werkausgaben Ernst Jüngers in den Jahren 1961, 1978 und 2015[2] aufgelegt, ohne jemals wieder als einzelner Titel veröffentlicht worden zu sein. Zuletzt wurden

---

1 Jünger, Ernst: Das Wäldchen 125. Eine Chronik aus den Grabenkämpfen 1918, Berlin (Mittler) 1925.

2 Jünger, Ernst: Werke (in zehn Bänden), Band 1, Tagebücher I. Der Erste Weltkrieg, Stuttgart (Ernst Klett) 1961. – Jünger, Ernst: Sämtliche Werke (in 18 Bänden und vier Supplement-Bänden), Erste Abteilung, Tagebücher, Band 1, Tagebücher I. Der Erste Weltkrieg, Stuttgart (Klett-Cotta) 1978. – Jünger, Ernst: Sämtliche Werke (in 21 Bänden und 1 Supplement-Band), Band 1, Stuttgart (Klett-Cotta) 2015.

die Erlebnisse rund um das Wäldchen 125 im Jahr 2016 von Helmuth Kiesel in die kleineren autobiografischen Kriegsbücher Jüngers zum Ersten Weltkrieg aufgenommen.[3]

Schon in dem Buch ›In Stahlgewittern‹, Jüngers berühmtem Erstlingswerk von 1920 über seine Erlebnisse im Ersten Weltkrieg, wurde die symbolische Bedeutung, die dem Wäldchen beispielhaft für die Kämpfe des Ersten Weltkriegs zugemessen werden konnte, ansatzweise beschrieben. Aus einer etwas rückwärts gelegenen Stellung heraus konnte Jünger seinen Blick wie ein eher unbeteiligter Beobachter auf das Wäldchen richten: »Das Wäldchen 125 wurde oft durch mächtige Feuerstöße in dichten Qualm gehüllt, während grüne und rote Leuchtkugeln auf- und niederstiegen. Manchmal schwieg das Artilleriefeuer, dann hörte man das Tacken einiger Maschinengewehre und den matten Knall entfernter Handgranaten. Das Ganze sah sich von meinem Standorte fast wie ein zierliches Spiel an. Es fehlte das Gewaltige des Großkampfes, und doch spürte man das erbitterte Ringen zwischen zwei ehernen Kräften.«[4] In der vierten Fassung von ›In Stahlgewittern‹ aus dem Jahr 1934 ergänzte der Autor dann vielsagend: »Das Wäldchen war wie eine glühende Wunde, auf die sich die Aufmerksamkeit verborgener Besatzungen richtete. Die beiden Artillerien spielten mit ihm wie zwei Raubtiere, die sich eine Beute streitig machten; sie zerrissen seine Stämme und warfen seine Fetzen hoch in die Luft. Es war immer nur von wenigen Männern besetzt, aber es hielt sich lange, und so war es, weithin im toten Gelände sichtbar, ein Beispiel dafür, dass auch die gewaltigste Gegenüberstellung von Machtmitteln doch nur die Waage ist, auf der heute wie zu allen Zeiten das Gewicht des Menschen gewogen wird.«[5]

---

3 Jünger, Ernst: Krieg als inneres Erlebnis. Schriften zum Ersten Weltkrieg, hrsg. von Helmuth Kiesel, Stuttgart (Klett-Cotta) 2016, Seiten 132–366. – Das große Verdienst Kiesels ist es, in dieser Ausgabe den Text der Erstausgabe von 1924 abzudrucken und Stellen, die Jünger später gestrichen hat, kenntlich zu machen sowie Hinzufügungen und sonstige Veränderungen des Textes über die verschiedenen Auflagen zu dokumentieren.

4 Jünger, Ernst: In Stahlgewittern. Historisch-kritische Ausgabe, hrsg. von Helmuth Kiesel. Die gedruckten Fassungen unter Berücksichtigung der Korrekturbücher, Stuttgart (Klett-Cotta) 2013, Seite 588 aus der Erstausgabe von ›In Stahlgewittern‹ von 1920.

5 Jünger, In Stahlgewittern, Seite 589, eine Ergänzung für die vierte Fassung aus dem Jahr 1934.

Im Vorwort zur ersten Auflage von ›Das Wäldchen 125‹ wurde Jünger noch deutlicher: Für ihn war das Wäldchen 125 in der Rückschau einer der unzähligen Orte, »die für einige Wochen zum Mittelpunkt des Lebens und Sterbens von tausend Menschen wurden, die vielleicht ein- oder zweimal in einem Nebensatze des Heeresberichtes Erwähnung fanden, und die schon jetzt [im Jahr 1924] vollkommen vergessen sind. Es [das Wäldchen 125] besaß nicht einmal strategischen Wert, und doch war es damals ein Ort von europäischer Bedeutung, ein örtliches Symbol der Macht, in dem sich viele Linien des Schicksals schnitten, und gegen das Kräfte von Menschen und Maschinen in Bewegung gesetzt wurden, mit denen man eine ganze Provinz hätte urbar machen können. Daher lohnt es sich wohl, es zum Angelpunkt einer Betrachtung zu machen, die über den Einzelfall ins Allgemeine greifen will.«[6] Später erläutert Jünger in seiner ›Chronik aus den Grabenkämpfen‹ mit erheblichem, uns heute eher fremd erscheinendem Pathos die Bedeutung des Wäldchens aus der persönlichen Sicht der dort eingesetzten Soldaten: »Das Wäldchen ist für uns alle der Inbegriff dieser Stellung gewesen, ein Symbol, wie es wohl in früheren Zeiten eine zerschossene Regimentsfahne war. Und wie damals eine Fahne mehr war als ein geschwärzter, an einen Stock genagelter Seidenfetzen, so ist uns auch dieses zerschossene und zerhackte Stück Land mehr geworden als ein namenloser Ort, dem man eine Nummer geben mußte, um ihn von anderen unterscheiden zu können. [...] Es würde in ihnen [den dort eingesetzten Soldaten] die Erinnerung an schwere Märsche und Arbeitswochen wach werden, an Nachtwachen, in denen sich dieses Stück Land wie ein glühender Hochofen aus der Dunkelheit hob, und an Tage, während deren es unter der Last von Geschoßwolken vor ihren Augen lag. Sein Name würde ihnen nicht erscheinen wie jeder andere, sondern wie einer, der sich rotglühend in das Gedächtnis gräbt und der eine solche Summe von Taten und Gefühlen umschreibt, daß bei seiner Nennung jede Einzelheit nichtig wird wie beim Anblick eines

6 Jünger, Wäldchen 125, Seite 136 f. – Hier wie bei allen folgenden Zitaten aus der Veröffentlichung über das ›Wäldchen 125‹ wird auf die Ausgabe Jünger, Ernst: Krieg als inneres Erlebnis. Schriften zum Ersten Weltkrieg, hrsg. von Helmuth Kiesel, Stuttgart (Klett-Cotta) 2016, Bezug genommen.

gewaltigen Monuments. Sie würden auch fühlen, daß dieses Wäldchen schon darum kein Ort sein kann wie jeder andere, weil jeder Schritt, der in ihm getan wurde, mit dem Leben erkauft werden mußte, und weil das große Schicksal der Völker hier erlebt und erlitten wurde im Schicksal des Einzelnen.«[7]

In den letzten Jahrzehnten und bis heute ist der Text »Das Wäldchen 125. Eine Chronik aus den Grabenkämpfen 1918« als ein Teil von Ernst Jüngers Tagebüchern aus dem Ersten Weltkrieg in seinen Sämtlichen Werken einer breiten Leserschaft zugänglich.[8] Bei der erstmaligen Lektüre des Textes war ich als Leser sofort gefangen von der intensiven Beschreibung der militärischen, aber auch der psychischen und physischen Vorgänge, die sich um Ernst Jünger und seine Soldaten in dieser Phase des Krieges abspielten. Während ›In Stahlgewittern‹ zeitlich die gesamte Dauer des Einsatzes von Ernst Jünger im Ersten Weltkrieg abdeckt, konzentriert sich ›Das Wäldchen 125‹ auf einen kleinen, nur achtwöchigen Ausschnitt im letzten Kriegsjahr. Durch die Konzentration auf diese Episode rund um das Wäldchen 125 und seine literarische Ausgestaltung erzielt Jünger eine quasi romanhafte Stimmung, Atmosphäre und Dichte. Zwar bezeichnet Jünger sein Buch als »Chronik« und gibt ihm die äußere Form eines Tagebuchs, doch gelingt es ihm durch sprachlich brillante Schilderungen, detailreiche Beschreibungen und intensive Charakterisierungen einzelner Handelnder, seine Leser eindrucksvoll über die Vorgänge vom Sommer 1918 ins Bild zu setzen.

Mit dem Text in den Gesamtausgaben beschrieb Jünger nicht nur umfassend seinen Einsatz als Kompanieführer in der Nähe des sogenannten Wäldchens 125 im Sommer 1918. Jünger zeichnete vielmehr auf knapp 140 Textseiten ein vielschichtiges Panorama des Stellungskrieges zum Ende des Ersten Weltkriegs, das in seiner atmosphärischen Dichte und seinen psychologischen Schilderungen, aber natürlich auch in der für Jünger typischen Sprache seinesgleichen sucht. Jünger schrieb im Stil eines Tagebuchs, dem sein Autor neben seinen täglichen Erleb-

---

7 Jünger, Wäldchen 125, Seite 344.

8 U. a. Jünger, Ernst: Sämtliche Werke (in 18 Bänden und vier Supplement-Bänden), Erste Abteilung, Tagebücher, Band 1, Tagebücher I. Der Erste Weltkrieg, Stuttgart (Klett-Cotta) 1978, Seiten 301–438.

nissen auch seine Gedanken und Überlegungen anvertraute. Im Text zeitlich nicht genau datiert, wechseln die Aufzeichnungen zwischen den Einsätzen seiner Kompanie in der Vorderen Linie, in Bereitschaftsphasen und in Ruhephasen in der etwa sieben Kilometer rückwärts der Front gelegenen Gemeinde Achiet. Dabei schildert Jünger einerseits den gesamten Einsatz seiner Soldaten am Wäldchen 125 in chronologischer Folge von der Verlegung und dem Anmarsch in die Stellungen, über den Ausbau der verfallenen Gräben, den Routinedienst in der Vorderen Linie bis hin zu persönlichen Erkundungen in der näheren Umgebung. Jünger lässt bei der detailreichen Beschreibung der äußeren Umgebung und der Vorkommnisse sowie der charakterisierenden Skizzierung einzelner Protagonisten seine ausgeprägte Auffassungs- und Beobachtungsgabe ebenso erkennen wie seine äußerst pointierte Formulierungskunst. Auch die dramatischen Schilderungen von konkreten Kampfhandlungen wie dem handstreichartigen Überfall auf einen ablösenden englischen Soldaten, einem militärischen Angriff durch das Grabensystem bis in das Wäldchen 125 hinein oder die Unterstützung von vorn eingesetzten Truppenteilen ziehen den Leser in Bann.

So ergibt sich nicht zuletzt durch unterschiedliche literarische Darstellungsformen ein vielfältiges Panorama des Krieges. Den Grundton bildet dabei der Einsatz der Infanteriesoldaten in den Grabensystemen an der Westfront und deren Rhythmus zwischen Einsatzzeiten in der Vorderen Linie, Bereitschafts- und Ruhephasen. Jünger berichtet dann aber beispielsweise in einem Exkurs von einem gemeinsamen Abend mit den Offizieren einer Jagdfliegerstaffel und entwirft dabei ein komplexes Bild von der psychologischen Verfasstheit der Jagdflieger. Bei der Wiedergabe eines kameradschaftlichen Gesprächs mit dem Kompanieführer eines Nachbarabschnitts wiederum lässt Jünger dessen militärischen Hintergrund als Pionieroffizier erzählen und kann so die ganze Dimension des Minenkampfes unterhalb der Stellungssysteme packend beschreiben. Die Wiedergabe eines Briefes, den der Kompanieführer Jünger seinem Bruder von der Front nach Hause schrieb, erlaubt es dem Schriftsteller Jünger, einen weiteren Aspekt aus der Endphase des Ersten Weltkriegs zu schildern: eine Phase zunehmender Unruhe und sich entwickelnden Ungehorsams bei Soldaten, die aus der Heimat wieder an die Front verlegt werden sollten.

Die letzten knapp 50 Seiten widmet Jünger der ausführlichen Beschreibung eines Angriffs seiner Kompanie auf das Wäldchen 125, um die vorn in den Stellungen eingesetzten deutschen Soldaten zu unterstützen sowie des mit Nahkämpfen verbundenen, schwierigen Vorgehens in den zerschossenen Gräben, um Munition nach vorn zu bringen und die Stellung nach links abzusichern. Jünger beschloss seine ›Chronik aus den Grabenkämpfen 1918‹ mit dem knappen Bericht über die Ablösung seiner Kompanie nach dem Verlust der ursprünglichen Stellungen.

Das Wäldchen 125 war den Lesern bereits aus dem Kapitel ›Englische Vorstöße‹ aus Jüngers erster Veröffentlichung ›In Stahlgewittern‹ aus dem Jahr 1920 bekannt.[9] Doch welch ein Unterschied in Ton und Inhalt! In den ›Stahlgewittern‹ blieb es bei der rein chronologischen Beschreibung der Vorgänge um das Wäldchen 125 mit der präzisen Datierung analog der des Tagebuchs vom 4. Juni bis zum 27. Juli 1918 sowie mit genauen Ortsangaben, Stellungsbezeichnungen und Referenzpunkten. Ausführlich und quasi als Höhepunkte des Kapitels wurden dort zwei Stoßtruppunternehmen geschildert, an denen Ernst Jünger und seine Soldaten am 22. und 23. Juli sowie am Morgen des 25. Juli 1918 teilnahmen. Diese Stoßtruppunternehmen wurden in der späteren Veröffentlichung als ›Das Wäldchen 125‹ mit keiner Silbe erwähnt. Dagegen fanden sich wiederum im Kapitel ›Englische Vorstöße‹ von ›In Stahlgewittern‹ keine Hinweise auf die im ›Wäldchen 125‹ dargestellte persönliche Erkundung des Wäldchens 125 durch Jünger, kein Hinweis auf seinen Überfall auf einen englischen Soldaten während der Ablösung, keine Beschreibung seines Sturms auf das Wäldchen selbst, keine Erwähnung seines kampfweisen Vorgehens mit seinen Soldaten im Grabensystem. Wie erklären sich diese Unterschiede? Und: Welche Version kommt näher an die damaligen Geschehnisse?

Von daher lohnt ein Vergleich: Es gilt zu untersuchen, was Ernst Jünger und seine Kameraden im Sommer 1918 am Wäldchen 125 tatsächlich erlebt haben und wie Jünger seine Kriegserlebnisse im Laufe der Zeit, ja im Laufe seines ganzen weiteren Lebens als Autor, in unterschiedlicher Intensität literarisch bearbeitet und damit auch persönlich verarbeitet hat.

---

9 Jünger, In Stahlgewittern, Seiten 572–608.

Als eine wesentliche Quelle einer solchen Untersuchung könnten seine Tagebuchaufzeichnungen aus dem Ersten Weltkrieg dienen. Auch die Regimentsgeschichte über das Füsilierregiment 73 könnte wertvolle Hinweise auf den tatsächlichen Verlauf der Kämpfe liefern. Ausgangspunkt dieser Studie ist aber zunächst sein Tagebuch, das Jünger während des gesamten Krieges geführt hat und das seit 2010 in gedruckter Form zugänglich ist.[10] Wie später noch erläutert werden wird, sind im Tagebuch beinahe tägliche Aufzeichnungen seiner Tätigkeiten an der Front festgehalten. Da für Jünger insbesondere die Beschreibung der Kampfhandlungen und seine Rolle als militärischer Führer im Mittelpunkt des Tagebuchs standen, kann bei der Schilderung der Gefechte um das Wäldchen 125 verlässlich auf die originalen, unbearbeiteten Tagebuchaufzeichnungen zurückgegriffen werden. Zur besseren Einordnung der im Tagebuch geschilderten Vorkommnisse und als Korrektiv soll im Weiteren die in Buchform vorliegende Geschichte des Füsilierregiments 73 herangezogen werden.[11]

Im Kriegstagebuch Ernst Jüngers weisen die Aufzeichnungen zum Kampf um das Wäldchen 125 einen Umfang von etwa 16 Seiten auf.[12] Das Kapitel ›Englische Vorstöße‹ in den ›Stahlgewittern‹ behandelte die Geschehnisse der Monate Juni und Juli 1918 auf insgesamt 14 Seiten.[13] In dem eigenständigen Buch ›Das Wäldchen 125‹ arbeitete er diese

---

10 Jünger, Ernst: Kriegstagebuch 1914–1918, hrsg. von Helmuth Kiesel, Stuttgart (Klett-Cotta) 2010.

11 Voigt, Hans: Geschichte des Füsilier-Regiments Generalfeldmarschall Prinz Albrecht von Preußen (Hann.) Nr. 73, im Auftrage des Füsilierbundes 73 nach amtlichen Unterlagen und unter Mitarbeit von Mitkämpfern bearbeitet und herausgegeben von Hans Voigt, Oblt. d. Res. im Inf.-Rgt.73, ehemals Lt. d. Res. u. Komp.-Führer im Füs.-Regt. 73. Mit zahlreichen Gefechtsskizzen, Übersichtskarten, Bildern und einer Ehrentafel. Berlin (Bernard & Graefe) 1938, Seiten 671–691.

12 Jünger, Kriegstagebuch, Seiten 400–418. Von diesen 19 Druckseiten muss man den Platz für die eingefügten Lageskizzen abziehen sowie die insgesamt Platz nehmende Gliederung der Tagebuchaufzeichnungen durch Datumsangaben bzw. Leerzeilen, welche sich auf gut drei Druckseiten summieren.

13 Jünger, In Stahlgewittern, Seiten 572–608. Von dieser Seitennummerierung ist jede zweite Seite wegen des Paralleldrucks der Erstausgabe von 1920 mit der Fassung letzter Hand von 1978 abzuziehen. Die verbleibenden 19 Seiten weisen noch größere Freistellen auf, die sich auf etwa fünf Druckseiten summieren. Somit ist von einem Druckumfang dieses Kapitels von 14 Seiten auszugehen – insgesamt also nur etwa zwei Seiten weniger als im vergleichbaren Druck der Tagebücher.

Episode auf 245 Seiten[14] als ›Chronik aus den Grabenkämpfen 1918‹ aus. Das Buch über den Kampf um das Wäldchen 125 kann damit als die »literarische Ausarbeitung einer bereits in den ›Stahlgewittern‹ beschriebenen Episode«[15] gesehen werden. Doch wie sich im Laufe der Untersuchung der drei unterschiedlichen Texte Jüngers – Kriegstagebuch, das Kapitel in den ›Stahlgewittern‹, schließlich ›Das Wäldchen 125‹ – herausstellte, war der Text des ›Wäldchens 125‹ in den Werkausgaben, der sich so harmonisch in die anderen Veröffentlichungen Jüngers über seine Erlebnisse im Ersten Weltkrieg fügte, nur die halbe Wahrheit. Denn die Erstausgabe und die folgenden Auflagen von ›Das Wäldchen 125‹ nutzten die realitätsnahe Schilderung der Ereignisse aus dieser Phase des Krieges lediglich als Hintergrund und Ausgangspunkt für Gedanken und Reflexionen zu militärischen, politischen und künstlerischen Themen, die in nationalistischen Kreisen der 1920er-Jahre diskutiert wurden.

Während die Beschreibung der Geschehnisse in den ›Stahlgewittern‹ »im Wesentlichen in Ton und Inhalt im Einklang mit dem ursprünglichen Kriegstagebuch« stand, veränderte nach Meinung des britischen Literaturwissenschaftlers John King die spätere Ausarbeitung zu ›Das Wäldchen 125‹ »nicht nur die Reihenfolge der Ereignisse, sondern die ganze Atmosphäre«.[16] ›Das Wäldchen 125‹ ist ein Wechsel von beschreibendem Bericht der Geschehnisse und erläuternden Kommentaren und Reflexionen. Die Perspektiven der Betrachtung wechseln im Buch immer wieder von der Sichtweise Jüngers als handelndem Offizier im Sommer 1918 zu eher politisch-militärischen Diskursen allgemeinerer Art. Obwohl ›Das Wäldchen 125‹ im Untertitel von Jünger als beschreibende ›Chronik aus den Grabenkämpfen 1918‹ bezeichnet wurde, wurden viele Eindrücke und Erkenntnisse der Nachkriegszeit in die einzelne Themen reflektierenden Abschnitte übernommen. So gewann ›Das Wäld-

14 Diese 245 Seiten in der Erstausgabe der Jahre 1924/1925 wurden in späteren Auflagen durch erhebliche Kürzungen auf dann knapp 140 Seiten in der Ausgabe letzter Hand im Jahr 1978 gekürzt.

15 Schwilk, Heimo: Ernst Jünger. Ein Jahrhundertleben. Die Biographie, München (Piper) 2007, Seite 266.

16 King, John: »Wann hat dieser Scheißkrieg ein Ende?«. Writing and Rewriting the First World War, Das Luminar: Schriften zu Ernst und Friedrich Georg Jünger, Bd. 2, Schnellroda (Antaios) 2003, Seite 262.

chen 125‹ durch essayartige Betrachtungen und Einschübe einen stärker zeitkritisch-politischen Ton. Für Jüngers Biografen Heimo Schwilk stellt das Buch »den ersten umfassenden Versuch einer nationalistischen Deutung des Kriegserlebnisses dar«.[17]

Die vorliegende Arbeit will im Schwerpunkt zunächst anhand der originalen Tagebuchaufzeichnungen Ernst Jüngers vom Juni und Juli 1918, die eben nicht literarisch bearbeitet wurden, und die eben noch nicht propagandistisch überhöht oder nationalistisch gefärbt waren, ein authentisches und möglichst unverfälschtes Bild der Erfahrungen eines jungen Offiziers im Stellungskrieg an der Somme am Ende des Ersten Weltkriegs zeichnen.[18]

Der Einsatz des Leutnants Ernst Jünger als Kompanieführer am Wäldchen 125 soll dabei als beispielhafte Beschreibung eines Ausschnitts aus den Grabenkämpfen an der Westfront im Sommer 1918 dienen. Diese zwei Monate bieten sich für eine vertiefende Betrachtung an, weil – wie noch zu zeigen sein wird – auch für Ernst Jünger nach seiner sechsten Verwundung ein neuer Abschnitt seines Einsatzes innerhalb des Regiments an der Front in Frankreich begann. Das hannoversche Füsilierregiment 73 hatte nach enormen personellen Verlusten in der »Michael«-Offensive im März 1918 eine Phase der Erholung und der personellen Ergänzung hinter sich, während der die neu versetzten Soldaten ausgebildet und in die Einheiten integriert wurden. Das Regiment verbrachte nach den Kämpfen im Frühsommer 1918 eine Zeit als Reserve hinter der Front ohne Feindtätigkeit.[19] Für das so aufgefrischte Regiment war der neuerliche Einsatz ab Juni 1918 – diesmal südlich des Wäldchens 125 – abermals eine Phase intensiver Gefechtstätigkeit, nach der der Verband aufgrund hoher Verluste durch Tod und Verwundung bereits Ende Juli 1918 wieder von der Front nach hinten zur Erholung verlegt werden musste. Der Einsatz des Füsilierregiments 73 am Wäldchen 125 kann damit zeitlich präzise auf diese beiden Sommermonate

---

17 Schwilk, Jahrhundertleben, Seite 267.

18 Das entsprechende Notizbuch 14A beinhaltet Jüngers Aufzeichnungen vom 2. Juni 1918 bis zum 30. Juli 1918 und damit den Zeitraum, in dem das Füsilierregiment 73 am Wäldchen 125 eingesetzt war. – Deutsches Literaturarchiv (DLA) Marbach, Ernst Jünger, Kriegstagebuch 1914–1918, Band 14A.

19 Voigt, Regimentsgeschichte, Seite 671.

1918 eingegrenzt werden. Wie in einem Brennglas bündelt sich daher in ihnen der deutsche Stellungskampf an der Westfront im letzten Kriegsjahr mit all seinen Facetten. Die Tagebuchaufzeichnungen Ernst Jüngers dienen dabei als erste Quelle.

Was die spätere Beschreibung als eigenes Kapitel in den ›Stahlgewittern‹ und dann in der ›Chronik‹ von den tatsächlichen Vorgängen um das Wäldchen 125 unterscheidet und was Ernst Jünger mit seinen späteren literarischen Überarbeitungen bezweckt und bewirkt hat, soll darauf aufbauend dargestellt werden. Zunächst geht es aber darum, die Geschehnisse im Juni und Juli 1918 am Wäldchen 125 so authentisch wie heute noch möglich aus der Sicht Ernst Jüngers nachzuvollziehen, bevor er sie literarisch fasste und in seinen Büchern zum Ersten Weltkrieg veröffentlichte. Dazu werden in erster Linie die Tagebuchaufzeichnungen Jüngers aus dieser Zeit ausgewertet. Rein sachliche und erklärende Beschreibungen aus Jüngers späteren Veröffentlichungen werden zum besseren Verständnis der Gesamtsituation des Regiments einbezogen.

Diese Tagebuchaufzeichnungen werden als Ausgangsbasis für die Beschreibung der Vorgänge im Sommer 1918 genutzt und mit weiteren militärischen und historischen Quellen verdichtet, um damit möglichst genau die wirklichen, heute noch nachvollziehbaren Ereignisse um das Wäldchen 125 herauszuarbeiten. Als eine unverzichtbare Quelle und sinnvolle Ergänzung hat sich dabei die 1938 erschienene Geschichte des Füsilierregiments 73 erwiesen, wobei berücksichtigt werden muss, dass Jüngers literarisch geprägte Veröffentlichungen möglicherweise die Darstellung in der Regimentsgeschichte beeinflusst haben können.

Neben den Texten Jüngers dient in dieser Untersuchung die Auswertung von verfügbaren Lageskizzen und militärischen Karten dazu, ein geografisch präziseres Bild der Gefechtsabläufe zu veranschaulichen. Jünger hatte in sein Kriegstagebuch einige erläuternde Skizzen gezeichnet, die ihm wohl als Gedankenstütze und zur Erinnerung an einzelne Grabenabschnitte oder Stoßtruppunternehmen dienen sollten. Doch diese Lageskizzen sind allein betrachtet nicht eindeutig geografisch zuzuordnen, sondern stellen lediglich einen prinzipiellen und eher schematischen Zusammenhang dar. Erst durch den Abgleich der verschiedenen Lageskizzen in Jüngers Kriegstagebuch mit weiteren

Übersichtskarten und Kartenausschnitten in der Regimentsgeschichte ist eine präzisere geografische Verortung möglich. Zu meinem großen Glück wurde im Jahr 2011 die originale Handkarte Ernst Jüngers von seinem Einsatz am Wäldchen 125 mit handschriftlichen Eintragungen zu einzelnen Geländepunkten und den Stellungsverläufen[20] ausgestellt. Damit kann einerseits der tatsächliche Einsatz von Jüngers Kompanie präzise geografisch nachgezeichnet werden. Andererseits ist es dadurch auch möglich, auf etwaige Abweichungen oder Ungenauigkeiten in Jüngers späteren Veröffentlichungen hinzuweisen.

Erstmals wird in dieser Arbeit auch die Perspektive der alliierten Gegner ausgewertet, indem die Regimentsgeschichte der gegnerischen neuseeländischen Verbände herangezogen wird. Allgemeine Darstellungen zum Ersten Weltkrieg und zu den militärischen Auseinandersetzungen an der Westfront vervollständigen das Bild.

20 Aufbewahrt im Jünger-Haus in Wilflingen, ausgestellt im Rahmen der Ernst-Jünger-Ausstellung im Deutschen Literaturarchiv Marbach am Neckar: Ernst Jünger. Arbeiter am Abgrund, Ausstellung im Literaturmuseum der Moderne vom 7. November 2010 bis 27. März 2011, Seite 181 des Katalogs.

Ernst Jünger im Ersten Weltkrieg

Ernst Jüngers Leben umspannte 103 Jahre. Seinen späteren Ruhm als Schriftsteller und unabhängiger Geist gründete sich auf seine ersten Veröffentlichungen über seine Erfahrungen im Ersten Weltkrieg.[21] Doch wie wurde aus dem zu Beginn des Ersten Weltkriegs erst 19-jährigen Schüler aus bürgerlichem Elternhaus ein Ritter des äußerst selten verliehenen, höchsten Tapferkeitsordens ›Pour le Mérite‹ und ein später gefeierter Kriegsschriftsteller?

Geboren in Heidelberg 1895 als ältester Sohn eines promovierten Chemikers und Unternehmers, hatte der junge Ernst Jünger – wie viele Hochbegabte übrigens – mit dem Druck der Schule seine liebe Not. Jünger musste mehrfach die Lehranstalt wechseln, und schließlich waren Internatsaufenthalte notwendig, um ihm die Konzentration auf den Lernstoff zu ermöglichen. Denn der junge Schüler interessierte sich nicht für den Unterricht, litt unter dem dortigen Zwang und floh in Gedanken nach Afrika, um dort ein freies und gefährliches Leben »im großen Stile« zu führen. Dazu flüchtete er sich in Abenteuerromane und Reiseberichte, die er nachts bis zum frühen Morgen oder gar während des Unterrichts las. Das hatte natürlich Auswirkungen auf seine Aufmerksamkeit und seine Noten. Einen ersten Ausbruch aus der Schule unternahm der 18-jährige Jünger dann im Oktober 1913, indem er illegal nach Frankreich reiste und sich in Verdun zur französischen Fremdenlegion meldete.[22] Doch die Aufnahme in die Legion sollte Jünger nur als Gelegenheit dienen, überhaupt nach Afrika zu gelangen und sich in Richtung ›Dschungel‹ aufzumachen. Nach einer Woche Ausbildung floh Jünger dementsprechend auch aus

21 Jünger, Ernst: ›In Stahlgewittern‹ (1920), ›Der Kampf als inneres Erlebnis‹ (1922), ›Sturm‹ (1923), ›Das Wäldchen 125. Eine Chronik aus den Grabenkämpfen 1918‹ (1925) sowie ›Feuer und Blut. Ein kleiner Ausschnitt aus einer großen Schlacht‹ (1925).

22 Dieser Abschnitt im Leben Ernst Jüngers und seine Flucht in die Fremdenlegion wurde später in der autobiografischen Erzählung ›Afrikanische Spiele‹ veröffentlicht: Jünger, Ernst: Afrikanische Spiele, Hamburg (Hanseatische Verlagsanstalt) 1936.

der algerischen Kaserne in Sidi bel Abbès, wurde gefasst, in eine Zelle gesperrt und durch seinen Vater mit diplomatischer Unterstützung nach Deutschland zurückgeholt – schließlich war er nach damaliger Gesetzgebung noch nicht volljährig.

In der deutschen Gesellschaft herrschte in diesen Jahren eine Stimmung, in der eine Revolution oder ein heraufziehender Krieg eine Art Erlösung, Läuterung oder Emanzipation von den verkrusteten Strukturen des Kaiserreichs sowie einen Ausbruch aus der ereignisarmen Langeweile eines bürgerlichen Alltags versprach. »Die Errungenschaften der Gründerzeit wurden mit Egoismen, Materialismus und Sittenverfall in Verbindung gebracht, der Krieg dagegen versprach Aufbruch, Ideal und Bewährung.«[23] Auch der Schriftsteller Georg Heym notierte schon im Juli 1910 in sein Tagebuch: »Dieser Friede ist so faul, ölig und schmierig wie eine Leimpolitur auf alten Möbeln.«[24] Für den abenteuerlustigen Ernst Jünger bedeutete der Kriegsbeginn die Möglichkeit, der ausweglosen Schulsituation endlich zu entkommen und sich wie Hunderttausende anderer junger Männer als Kriegsfreiwilliger zu melden.[25]

Einen Tag nach der Verkündung der Mobilmachung am 1. August 1914 fuhr daher der Oberprimaner nach Hannover, um sich als Kriegsfreiwilliger registrieren zu lassen. Beim Infanterieregiment 74 in Hannover war der Andrang so groß, dass Jünger abgewiesen wurde. Am 4. August 1914 gelang es ihm, beim benachbarten Füsilierregiment 73 am Waterloo-Platz als tauglich gemustert in die Regimentslisten eingeschrieben zu werden. Sein Biograf Heimo Schwilk spricht von einem »Zufall« und stellt sich die rhetorische Frage, »wie Ernst Jüngers Leben verlaufen wäre, hätte man ihn im August 1914 in einen anderen Verband aufgenommen«.[26] In der Tat sind Jüngers Erlebnisse im Krieg eng verbunden mit denen des

23 So Heimo Schwilk im Vorwort zur Veröffentlichung von Ernst Jüngers Feldpostbriefen an die Familie. In: Jünger, Ernst: Feldpostbriefe an die Familie 1915–1918. Mit ausgewählten Antwortbriefen der Eltern und Friedrich Georg Jüngers. Hrsg. von Heimo Schwilk, Stuttgart (Klett-Cotta) 2014.

24 Heym, Georg: Dichtungen und Schriften. Hrsg. von Karl-Ludwig Schneider, Band 3: Tagebücher, Hamburg/München (Heinrich Ellermann) 1960, Seite 139.

25 So schreibt Helmuth Kiesel: »Wie aus dem Tagebuch hervorgeht, zog Jünger nicht etwa aus nationaler Begeisterung in den Krieg, sondern um der Schule zu entkommen.« – Kiesel, Ernst Jünger im Ersten Weltkrieg, in: Jünger, Kriegstagebuch, Seite 596.

26 Schwilk, Jahrhundertleben, Seite 92.

Füsilierregiments 73, er diente während des gesamten Krieges in diesem militärischen Truppenkörper. Bei den Einsätzen eben dieser Formation machte Jünger seine Erfahrungen, die er später literarisch verarbeitete. Und wenn Jünger in den Reihen eines anderen Verbands gestanden hätte, so wären auch seine Erlebnisse nicht diejenigen, die der Leser aus ›In Stahlgewittern‹ oder eben aus dem ›Wäldchen 125‹ kennt. Daher lohnt im weiteren Verlauf dieser Arbeit auch ein etwas tieferer Blick auf das Füsilierregiment 73. Bevor Jünger jedoch einberufen und zum Soldaten ausgebildet wurde, verschaffte man dem Schüler zunächst bis zum 21. August 1914 mit einem »Notabitur« die Reifeprüfung, eine Prüfung, die Jünger ohne die kriegsbedingten Umstände im folgenden Jahr große Mühe gemacht hätte. Darüber hinaus blieb ihm ein ganzes Schuljahr erspart.[27]

Anfang September 1914 erhielt Jünger seinen Gestellungsbefehl, und am 6. Oktober begann für ihn die dreimonatige Grundausbildung beim Ersatzbataillon des Regiments in der Bult-Kaserne in Hannover. »Die Ausbildungswochen vergingen schnell, die Tage verbrachte ich auf der Vahrenwalder Heide oder auf dem Waterloo-Platz und die Abende mit guten Kameraden oder einem Liebchen, wie sich das gehört. Ich lernte schießen und marschieren und machte auch Bekanntschaft mit der preußischen Disziplin, an deren Ecken und Kanten ich mich zunächst heftig stieß und der ich doch mehr zu verdanken habe als allen Schulmeistern und Büchern der Welt.«[28]

Am 30. Dezember 1914 wurden die jungen Soldaten des Ersatzbataillons über Gießen, Koblenz, Trier und Sedan in die Champagne an die Front verlegt, wo sie am 1. Januar 1915 beim Füsilierregiment 73 in dem 20 Kilometer nordwestlich von Reims gelegenen Dorf Orainville

---

27 Ernst Jünger schrieb später über sein ›Kriegsabitur‹: »Dies war eine Sorge, die ich im Eifer [der Freiwilligenmeldung] ganz vergessen hatte; sie kam mir auch nicht mehr so wichtig vor. Immerhin ließ ich mir einen Schein ausstellen und wurde mit einigen Leidensgefährten fünf Tage lang schriftlich und mündlich examiniert. Die Prüfung war natürlich milde, und es war eigentlich weniger schwierig, sie zu bestehen, als durchzufallen, obwohl dies einem Unglücksraben unter uns wirklich gelang. Nachdem ich mich noch in der Matrikel der Heidelberger Universität hatte einschreiben lassen, war ich alle Sorgen los.« – Jünger, Ernst: Kriegsausbruch 1914, in: Ernst Jünger: Sämtliche Werke, Band 1, Tagebücher I, Der Erste Weltkrieg, Stuttgart (Klett-Cotta) 1978, Seite 543.

28 Jünger, Kriegsausbruch 1914, Seite 544.

eintrafen, in dem das Regiment sich nach den zurückliegenden Kriegsmonaten wieder auffrischte. Einen Überblick über die Einsatzorte des Füsilierregiments 73 enthält Abbildung 1 im Abschnitt über das Regiment am Ende dieses Kapitels. Erste Eindrücke an der Front riefen bei Jünger ein »Gefühl neugieriger Erregung«[29] hervor. Für Schwilk wurde Jünger in dem Augenblick zum Krieger, in dem er nahe der Front erstmals einen Rahmen scharfer Gewehrpatronen in seinen Karabiner einführte, denn damit »hat er die Welt der Schule und zivilen Prüfungen weit hinter sich gelassen«.[30]

Hier verbrachte Ernst Jünger die ersten Wochen im Krieg, wobei ihm die Nässe und Kälte in den Schützengräben mehr zusetzten als der Beschuss durch feindliches Artilleriefeuer: »Ich bin sehr neugierig, wie sich eine Shrapnellbeschießung [sic!] ausmacht. Im allgemeinen ist mir der Krieg schrecklicher vorgekommen, wie er wirklich ist. Der Anblick der von Granaten Zerrissenen hat mich vollkommen kalt gelassen, ebenso die ganze Knallerei, trotzdem ich einige Male die Kugeln sehr nah habe singen hören. Im allgemeinen sind mir die Kälte und die Nässe in unser [sic] Erdlöchern das unangenehmste.« schrieb Jünger schon am 4. Januar 1915 in sein erstes Tagebuch.[31] Ähnlich auch in einem zur gleichen Zeit verfassten Feldpostbrief: »Wie wir aussehen, glaubt keiner. Gegen Kälte bin ich fast unempfindlich geworden. Wenn man ins Warme kommt, kriegt man Reißen im Knie. Meine ersten Kriegseindrücke haben mich etwas enttäuscht. Als die ersten Gewehr- und Granatkugeln kamen, haben wir fast alle gelacht.«[32]

Nach sechs Wochen im vorderen Grabensystem ging es für das Regiment zurück in eine Ruhestellung bei Bazancourt, von wo aus Jünger zu einem mehrwöchigen Lehrgang für Offizieranwärter nach Recouvrance kommandiert wurde. Nach seiner Rückkehr zum Regiment am 21. März 1915 und der Verlegung Mitte April in Richtung Verdun wurde Jünger erstmals verwundet – ohne dass er bis dahin einen gegnerischen französischen Soldaten gesehen hatte. Ein Granatsplitter traf ihn am Oberschenkel. Er erlitt einen Nervenzusammenbruch, kam ins Laza-

29 Schwilk, Jahrhundertleben, Seite 96.
30 Ebenda, Seite 97.
31 Jünger, Kriegstagebuch, Seite 10 f., 4. Januar 1915.
32 Jünger, Feldpostbriefe, Seite 27.

rett und zu einem kurzen Heimaturlaub nach Rehburg zur Familie, während das Regiment zur gleichen Zeit in der Abwehrschlacht bei Perthes erstmals große Verluste erlitt. Man kann hier, wie übrigens oft im Leben Jüngers, von einem glücklichen Zufall sprechen, der ihn vor der Teilnahme an einem verlustreichen Gefecht bewahrte. Andererseits sind es ebensolche Zufälle, die ihn körperlich unversehrt an unzähligen Kampfhandlungen teilnehmen ließen, während um ihn herum Kameraden verwundet wurden oder fielen. Auf Vorschlag des Vaters bewarb sich Jünger zu einem achtwöchigen Offizierlehrgang, den er im Sommer 1915 im Ausbildungslager in Döberitz verbrachte. Zu seinen Lehrgängen und Ausbildungsabschnitten während des Krieges finden sich kaum Notizen in seinen Tagebüchern, sodass man nicht weiß, wie Ernst Jünger diese Ausbildung zum Offizier bewertete. Im September 1915 kehrte er – zum Fähnrich befördert – an die Front zurück. In dieser Gegend sollte er bis zum August 1916 eingesetzt werden. Jünger war jetzt als Gruppenführer in der 6. Kompanie bei den Grabenkämpfen in der Stellung Monchy im Artois[33] eingesetzt und trug Verantwortung für etwa zehn Soldaten. Damit hatte Jünger – gerade einmal 20 Jahre alt – einen Dienstgrad und eine Führungsposition inne, in der unterstellte Soldaten von ihm Befehle erhielten, in der er erstmals in seiner herausgehobenen Position selbst als Vorgesetzter beobachtet wurde, ja in der sich seine unterstellten Soldaten an ihm ein Beispiel nahmen.

Von April bis Juni 1916 besuchte Jünger einen weiteren Offizierlehrgang in der kleinen Gemeinde Croisilles[34] und erlebte kurz nach der Rückkehr zu seinem Regiment in Douchy die alliierten Vorbereitungen zur Somme-Schlacht. Die am 1. Juli 1916 beginnende englisch-französische Offensive an der Somme hat sich als verlustreichster und letztendlich erfolgloser Versuch, den Stellungskrieg zu beenden und wieder zum Angriffskrieg überzugehen, ins britische historische Gedächtnis eingegraben. Über 20.000 britische Soldaten fielen allein am ersten Tag der Offensive, bis zur Einstellung der Angriffe im November 1916 sollten über 430.000 Soldaten des Commonwealth gefallen oder schwer verwundet

33 Departement Pas de Calais mit Verwaltungssitz Arras.
34 Zehn Kilometer nördlich von Arras.

worden sein.[35] Jüngers Regiment durchlitt in dieser Schlacht eine bislang nie dagewesene, sieben Tage andauernde Beschießung der eigenen Stellungen durch englische und französische Artillerie. Ernst Jünger wurde Anfang September 1916 – als Zugführer eingesetzt und damit Führer von etwa 30 Soldaten – durch eine Schrapnellkugel verwundet und direkt ins Lazarett gebracht, von wo aus man ihn nach Deutschland zurückbrachte. Er entging damit der späteren, fast vollständigen Vernichtung seiner Kompanie bei Guillemont.

Nach dem Auskurieren seiner zweiten Verwundung und einem anschließenden Heimaturlaub kehrte Jünger Ende Oktober 1916 zu seinem Regiment zurück. Es wechselten sich in den weiteren Kriegsjahren die Gefechtstätigkeiten, die Ruhephasen, die Lehrgänge zu seiner Offiziersausbildung, aber auch die Verwundungen und anschließenden Urlaubsphasen bei der Familie ab. Ernst Jünger wurde insgesamt siebenmal verwundet, konnte sich aber stets innerhalb weniger Wochen wieder erholen. Einzig seine letzte und schwerste Verwundung, ein Lungendurchschuss am 25. August 1918, und die länger dauernde Genesung sollten Jünger davon abhalten, bis Kriegsende wieder zu seinem Regiment zurückzukehren. Die Lazarettaufenthalte und der Genesungsurlaub aufgrund dieser Verwundung fielen in die Schlussphase der Waffenstillstandsverhandlungen und des sich abzeichnenden Kriegsendes.

Jünger war in den letzten beiden Kriegsjahren als Kompanieführer eingesetzt (anfangs vertretungsweise) und damit weiterhin den Gefahren und Erschwernissen der Frontsoldaten unmittelbar ausgesetzt. Er diente nie in einem höheren Stab oder einem militärischen Kommando. Die Perspektive aus der Sicht des Grabenkämpfers wird in seinem Kriegstagebuch wie in seinen späteren Kriegsbüchern deutlich. Grundsätzlich fehlt immer jegliche Einordnung der Geschehnisse in größere Zusammenhänge. Seine Welt war der Graben mit ständigem Artilleriebeschuss, seine besondere Bewährung als Infanterieoffizier zeigte er als Patrouillen- und Spähtruppführer. Dies wurde mit der Verleihung des höchsten Tapferkeitsordens ›Pour le Mérite‹ am 22. September 1918 auch offiziell anerkannt.

---

35 Zahlen nach Adkin, Mark: The Western Front Companion. The Complete Guide to How the Armies Fought for Four Devastating Years, 1914–1918, Mechanicsburg (Stackpole Books) 2013, Seite 219.

a. Aspekte des Tagebuchschreibens

Ernst Jünger hat während des ganzen Ersten Weltkriegs Tagebuch über seine Kriegserlebnisse im Fronteinsatz geführt. Schon am 30. Dezember 1914 machte Jünger die ersten Aufzeichnungen über seinen Abmarsch an die Westfront tags zuvor. Die Tagebuchaufzeichnungen enden mit einer letzten Eintragung am 10. August 1918, dem Tag, an dem er nach seiner letzten Verwundung für den Weitertransport nach Deutschland in eine lothringische Verwundetensammelstelle eingeliefert wurde.[36] Jünger trug seine täglichen Erlebnisse während seiner Einsatzzeiten an der Front in schmale Oktavhefte ein. Diese hatten ein kleines Format wie Notizhefte (etwa 10 auf 16 cm mit einem Umfang zwischen 50 und 120 Seiten)[37] und passten so in die Uniformtaschen oder später in die Kartentasche Jüngers. Am Ende waren es insgesamt 15 eng beschriebene Kladden mit insgesamt etwa 1.800 Seiten, die heute in erstaunlich gutem Erhaltungszustand im Deutschen Literaturarchiv in Marbach liegen.

Dabei schrieb Jünger häufig, aber nicht immer täglich. Die Notizen wurden von Ernst Jünger unmittelbar bzw. in engem zeitlichen Zusammenhang zu den Geschehnissen festgehalten. Er schrieb sein Tagebuch in unterschiedlichen Intervallen und in verschiedener inhaltlicher Dichte: Seine Notizen reichten von täglichen Aufzeichnungen in intensiven Kampfphasen im Schützengraben bis hin zu Zusammenfassungen über mehrere Tage, wenn er etwa mit seiner Kompanie in einer Ruhestellung lag und vorwiegend Routinedienst zu verrichten war. Daher begründet sich auch die unterschiedlich ausgeprägte Schrift Jüngers in seinen Tagebüchern, die er in einer späteren Veröffentlichung im Jahre 1924 folgendermaßen beschrieb: »Manchmal ist die Schrift ruhig, sorgfältig und mit Tinte geschrieben, so daß ich gleich weiß, damals hast du gemütlich in einem der kleinen flandrischen oder nordfranzösischen Bauernhäuser gesessen

36 Jünger, Kriegstagebuch, Seite 431, 10. August 1918. – Auf den folgenden Seiten tastete sich Jünger formulierend an Vorbemerkungen zu seinem Kriegsbuch ›In Stahlgewittern‹ heran. Nach Kiesel ist eine genauere Datierung dieser Notizen nicht möglich, diese entstanden aber »während der Arbeit an den Stahlgewittern zwischen November 1918 und Frühjahr 1919, vielleicht erst gegen Ende der Niederschrift«. – Ebenda, Seite 594.

37 Kiesel, Helmuth, in: Ernst Jünger-Handbuch. Leben – Werk – Wirkung, hrsg. von Matthias Schöning, Stuttgart/Weimar (Metzler), 2014, Seite 41.

oder in einer ganz ruhigen Stellung vorm Unterstand, die Pfeife rauchend und höchstens vom fernen Geschwirr des letzten Fliegers gestört, der seine Abendrunde flog. Dann kommen ungelenke und verzerrte Züge, in Blei, in der menschenüberfüllten Enge irgend eines höllischen Lochs vorm Angriff oder während der endlosen Stunden einer schweren Beschießung beim tanzenden Licht einer Kerze geschmiert. Endlich Sätze in nervösen Stichworten, unleserlich wie die Wellenlinie eines Seismographen, der ein Erdbeben verzeichnet, die Enden von der fliegenden Hand zu langen Strichen ausgepeitscht – das wurde nach dem Angriff in Trichtern oder Grabenstücken hingeworfen, über die noch der tödliche Hornissenschwarm gezielter Geschoßgarben strich.«[38] Zu den Ausbildungsabschnitten seiner Offizierausbildung wie Lehrgänge oder Weiterbildungen wurden in Jüngers (Kriegs-)Tagebuch keine Notizen festgehalten. Aber auch über seine Lazarettaufenthalte und seine Heimaturlaube, meist zum Auskurieren seiner zahlreichen Verwundungen, erfährt man in seinen Tagebüchern nichts. Erst wenn er zum Ende des Urlaubs erneut zu seinem Regiment an die Front fuhr, setzten die Tagebuchaufzeichnungen wieder ein. So begann er sechs seiner 15 Kladden mit der Rückfahrt von Hannover an die Front.

Fragt man nach der Motivation zum Tagebuchschreiben, so ist zuerst Jüngers Überzeugung wichtig, dass er an etwas für seine Generation Einmaligem teilnahm, das es lohnte, festgehalten zu werden: »Ich wußte, daß die Dinge, die uns erwarteten, unwiederbringlich waren, und ging mit höchster Neugier auf sie zu.«[39] Zudem seien »solche Aufzeichnungen auch von augenblicklichem persönlichem Wert. Sie zwingen den, der sie macht, die Essenz seines Erlebnisses zu ziehen und sich – und sei es nur für einige Minuten am Tag – über die gewohnte Umgebung zu erheben, in dem er sich in die Stellung des Betrachtenden versetzt. […] Und endlich liegt in jeder, auch der einfachsten Darstellung ein gewisser Trost, eine Befreiung durch Äußerung – und in diesem Sinne ist ein Tagebuch ein Geständnis, eine Mitteilung, die man sich selber macht.«[40] Wohl schon früh von seinem Vater[41] dazu animiert, führte Jünger sein Tagebuch mit

38 Jünger, Wäldchen 125, Seite 138.
39 Jünger, Kriegsausbruch 1914, Seite 544.
40 Jünger, Wäldchen 125, Seite 192.
41 Jüngers Vater schickte auch die Notizhefte zu seinem Sohn an die Front. – Kiesel, Ernst Jünger im Ersten Weltkrieg, in: Jünger, Kriegstagebuch, Seite 619.

schonungsloser Offenheit und Detailtreue. Er hielt seine unmittelbaren Kriegseindrücke und Erlebnisse als Basis für ein späteres »Kriegs-Abenteuer-Buch«[42] fest, ohne schon direkt eine literarische Ausgestaltung vorzunehmen. Ob er von Anfang an eine spätere Veröffentlichung im Sinn hatte, ist nicht überliefert. Zwar weisen einige Notizen in der Formulierung schon auf künftige Leser hin, auch gibt es einige Notizen zu einem Vorwort bzw. zu dem sprachlichen Stil, der in einer Buchveröffentlichung gewählt werden sollte.[43] Schließlich hat Ernst Jünger am 14. August 1917 in seinem Tagebuch erwähnt, dass er an einem »algerischen und meinem Kriegstagebuch«[44] schreibe, mithin also ein Hinweis, dass er schon zu diesem Zeitpunkt an eine spätere literarische Verarbeitung seines Tagebuchs gedacht hatte.

Zweifellos hatte das Tagebuchschreiben für Ernst Jünger auch eine psychisch stabilisierende Wirkung angesichts der beinah täglich erlebten »äußersten Destruktionserfahrung«.[45] Das Tagebuchschreiben gab Jünger Halt und kann als ein Akt der »Selbstvergewisserung« verstanden werden, der für ihn eine »existentielle Bedeutung gewinnt«.[46] So konnte Jünger mit dem Registrieren, Dokumentieren und Aufschreiben seiner Erlebnisse den Überblick behalten und sich seiner selbst versichern. Das Tagebuchschreiben diente dem Verarbeiten des Erlebten und hatte damit nach Meinung Helmuth Kiesels gewisse »Beruhigungs- und Stabilisierungseffekte«.[47] Richtig ist sein Hinweis, dass Jünger auch durch die »frühe Verarbeitung der Schreckenserfahrungen durch ihre Darstellung im Tagebuch [...] das Grauen der Bombardements wie der folgenden Kämpfe ohne manifeste psychische Verstörung überstehen konnte«.[48] Wenn sich Ernst Jünger der Einmaligkeit seiner Erlebnisse und der Todesgefahr seines Tuns bewusst war, dann kann man der Einschätzung John Kings

---

42 Kiesel, Ernst Jünger im Ersten Weltkrieg, in: Jünger, Kriegstagebuch, Seite 618.

43 Kiesel, in: Ernst Jünger-Handbuch, Seite 46 mit Belegen.

44 Jünger, Kriegstagebuch, Seite 306, 14. August 1917. – Mit dem »algerischen Buch« spielt Jünger wohl auf das freilich erst viel später als »Afrikanische Spiele« im Jahr 1936 veröffentlichte Buch über seine Flucht als 18-Jähriger zur Fremdenlegion nach Afrika an.

45 Kiesel, Ernst Jünger im Ersten Weltkrieg, in: Jünger, Kriegstagebuch, Seite 617.

46 Schwilk, Jahrhundertleben, Seite 98.

47 Kiesel, Ernst Jünger im Ersten Weltkrieg, in: Jünger, Kriegstagebuch, Seite 617.

48 Ebenda.

zustimmen, dass Jünger »dem vergänglichen Leben in Form einer Chronik Dauer verleihen«[49] wollte. Die ersten Eindrücke als einfacher Soldat an der Front entwickelten sich im Laufe der Zeit mit Jüngers Aufstieg in der militärischen Hierarchie weiter: Als Vorgesetzter, später als Offizier und Kompanieführer, beschrieb und rechtfertigte Jünger seine (Helden-)Taten. Als mindeste Motivation für das Festhalten seiner Erlebnisse im Tagebuch konnte die Rechtfertigung und Beschreibung seines Wirkens im Krieg gegenüber der Familie, insbesondere gegenüber dem Vater, verstanden werden. Sein Aufstieg zum Offizier und seine mit dem Dienstgrad und seiner dienstlichen Verwendung steigende Verantwortung ließen Jünger ebenso von der Bedeutung seiner Aufzeichnungen überzeugt sein.[50]

Jünger konzentrierte sich bei seinen Tagebuchaufzeichnungen auf die Fakten und seine Erlebnisse im Kampf. Die Tagebuchnotizen zeigen, »wie Ernst Jünger dem Horror begegnen möchte: mit Sachlichkeit und Distanz, die bisweilen in Snobismus, ja Kaltblütigkeit umschlagen.«[51] Es ist genau diese fast emotionslose Beschreibung und schonungslose Offenheit, mit der Jünger das Erlebte festhielt, für dessen Authentizität er später gelobt werden sollte. Weiterführende oder bewertende Reflexionen des Erlebten, wie sie später in den ›Stahlgewittern‹ und seinen weiteren Kriegsbüchern erschienen, fehlen meist im Tagebuch. Ebenso wenig finden sich im Kriegstagebuch Hinweise auf eine nationale Begeisterung Jüngers. Kein patriotisches Pflichtbewusstsein oder ein tragender Bezug auf Monarchie und Kaiser finden sich in den Aufzeichnungen. Schon daran erkennt man, dass es Jünger in seinen Notizen im Tagebuch um die Erfahrungen des Kampfes ging, weniger um eine lückenlose Chronologie seines Kriegseinsatzes. Mit seinen Aufzeichnungen skizzierte Jünger das Bild eines anfangs abenteuerlustigen jungen Mannes, der sich im Kampf bewähren wollte, der im monotonen Stellungskrieg der Jahre 1915 und 1916 jedoch seine Motivation sinken sah und sich manchmal auch ein ruhiges Zivilleben vorstellen konnte. Deutlich wird dies beispielsweise in seinem Ausruf: »Wann hat dieser Scheißkrieg ein Ende?«[52] Das Kriegs-

49 King, Scheißkrieg, Seite 129 f.
50 Kiesel, Ernst Jünger im Ersten Weltkrieg, in: Jünger, Kriegstagebuch, Seite 618.
51 Schwilk, Jahrhundertleben, Seite 104.
52 Jünger, Kriegstagebuch, Seite 258, 24. Mai 1917.

tagebuch zeichnet insgesamt ein Persönlichkeitsbild Jüngers, das »sehr viel nuancierter und um einiges weniger soldatisch [ist] als in den heroisch-stilisierten ›Stahlgewittern‹«.[53]

b. Bemerkungen zum Füsilierregiment 73

Das Regiment, dem Ernst Jünger während des gesamten Ersten Weltkriegs angehörte, trug den stolzen Namen »Füsilier-Regiment Generalfeldmarschall Prinz Albrecht von Preußen (Hannoversches) Nr. 73«. Füsiliere waren ursprünglich leichte Infanterie, die mit dem Steinschlossgewehr (französisch: *fusil*) ausgerüstet waren, das leichter und kürzer als das bisher verwendete Gewehr war und kein offenes Feuer für die Lunten brauchte. Der vollständige Name des Füsilierregiments weist schon auf die hannoversche Herkunft des nach einem preußischen Generalfeldmarschall benannten preußischen Regiments hin. Die hannoverschen Füsiliere standen in der Tradition des »legendären kur-hannoverschen Garderegiments«, das sich 1775 als Verteidiger von Gibraltar bewährte.[54] Nach Auflösung der hannoverschen Armee durch Napoleon im Jahr 1803 stellte der Kurfürst von Hannover, der zugleich König von England war, »The King's German Legion« auf, um diese unter Wellington gegen Napoleon zunächst auf der spanischen Halbinsel und später bei Waterloo einzusetzen. Nachdem das junge Königreich Hannover im Rahmen des Deutsch-Österreichischen Krieges von 1866 dem Königreich Preußens einverleibt worden war, wurde das hannoversche Regiment mit Kabinettsordre vom 27. September 1866 als nun preußisches »Infanterieregiment Nr. 73« aufgestellt.[55] Am 7. November 1867 erhielt das Regiment die Bezeichnung »Hannoversches Füsilier-Regiment Nr. 73«. Die Bezeichnung als Füsilierregiment hatte dabei lediglich traditionelle Gründe. Die Füsilierregimenter waren gewöhnliche Infanterieverbände und vergleichbar gegliedert und ausgestattet.

Im Deutsch-Französischen Krieg 1870/71 hatte das noch junge Regiment am 14. August 1870 bei Colombey-Nouilly östlich von Metz seine

53 Kiesel, Ernst Jünger im Ersten Weltkrieg, in: Jünger, Kriegstagebuch, Seite 634.
54 Ebenda, Seite 607.
55 Voigt, Regimentsgeschichte, Seite 3. – Als Quelle zu diesem Abschnitt diente eben diese Regimentsgeschichte.

sogenannte Feuertaufe zu bestehen. Unter erheblichen Verlusten[56] wurde zunächst ein Waldstück genommen, das aus übergeordneten taktischen Gründen noch am selben Abend wieder geräumt werden musste – schon hier spielte ein kleines Waldstück für das Regiment eine bedeutende Rolle, wie später das Wäldchen 125. Das Regiment versah danach Dienst als Besatzungstruppe in eroberten französischen Festungen und Forts, zuletzt bis zum November 1872 in der Festung Verdun.

Im August 1873 trafen der Regimentsstab und die Bataillone in den neuen Friedensstandorten in Hannover und Osnabrück ein, um ab 1878 endgültig in den hannoverschen Kasernen am Waterloo-Platz zusammengeführt zu werden.[57] Prinz Albrecht von Preußen[58], der Sohn des Prinzen Albrecht von Preußen (1809–1872), Bruder Kaiser Wilhelms I. und König Friedrich Wilhelms IV. von Preußen, führte seit 1873 als Kommandierender General das X. Armeekorps mit Sitz in Hannover. Am 7. September 1881 wurde er zum Chef des lokalen Füsilierregiments 73 ernannt, eine Ehrenposition, die im Kaiserreich eine besondere Auszeichnung für das Regiment war wie für den, dem sie verliehen wurde.[59] Nach dem Prinzen erhielt das Regiment im September 1889 den Namen »Füsilier-Regiment Generalfeldmarschall Prinz Albrecht von Preußen (Hannoversches) Nr. 73«. Damit war das hannoversche

56 Die beiden Bataillone des Füsilierregiments verloren in diesem Gefecht 44 Prozent der Offiziere und 25 Prozent an Unteroffizieren und Mannschaften durch Tod oder Verwundung. – Voigt, Regimentsgeschichte, Seite 13 f.

57 Ebenda, Seite 44.

58 Prinz Friedrich Wilhelm Nikolaus Albrecht von Preußen (* 8. Mai 1837 in Berlin; † 13. September 1906 auf Schloss Kamenz, Niederschlesien) war preußischer Generalfeldmarschall und von 1885 bis zu seinem Tod 1906 Regent des Herzogtums Braunschweig.

59 Vom 16. bis ins 18. Jahrhundert war ein Regimentschef bzw. Regimentsinhaber der Besitzer und Bewirtschafter einer Truppe, verbunden mit entsprechenden wirtschaftlichen Vorteilen und Verpflichtungen. Zu Beginn des 19. Jahrhunderts wurde die Inhaberschaft für ein Regiment in den deutschen Ländern abgeschafft, im Königreich Preußen mit der Heeresreform 1807–1814. Der Titel Regimentschef war im deutschen Kaiserreich nur noch eine reine Ehrenbezeichnung, die hochgestellten Persönlichkeiten, Angehörigen der Fürstenhäuser und Generalen ehrenhalber verliehen wurde. Nicht alle Regimenter hatten im Kaiserreich noch einen Chef. Üblicherweise trugen die Soldaten eines Regiments den (gekrönten) Namenszug als Anfangsbuchstaben, Initial oder Monogramm ihres jeweiligen Chefs auf den Schulterklappen. – Transfeldt: Wort und Brauch im deutschen Heer, Hamburg (Helmut Gerhard Schulz) 1976, Seite 115 f.

Regiment auch dem Namen nach in die Armee Preußens integriert. Am 24. Januar 1899, dem Geburtstag Friedrichs des Großen, wurden die preußischen Truppenteile in Hannover auch als Träger der Überlieferung der früheren hannoverschen Regimenter bestimmt und sollten deren Auszeichnungen weiterführen. So wurde zu diesem Anlass ein Helmband mit der Inschrift »Peninsula – Waterloo« verliehen, zwei Jahre später ein hellblaues Ärmelband mit der Aufschrift »Gibraltar«.[60] Das Füsilierregiment 73 wurde damit in die lange Tradition des hannoverschen Garderegiments gestellt. Als Stiftungstag des »Füsilier-Regiments Generalfeldmarschall Prinz Albrecht von Preußen (Hannoversches) Nr. 73« wurde, meiner Meinung nach etwas willkürlich, der 19. Dezember 1803 festgelegt,[61] der Gründungstag von »The King's German Legion« durch den englischen König und Kurfürsten von Hannover, Georg III. So wurde im Jahr 1903 ein 100-jähriges Regimentsjubiläum gefeiert, obwohl das Regiment doch streng genommen erst 1866 als preußisches Infanterieregiment aufgestellt wurde. Das Regiment verstand sich also in der Tradition der alten hannoverschen Truppenteile, was auch an den Uniformen durch das Ärmelband erkennbar war. Das Regiment rekrutierte sich aus Hannover und der niedersächsischen Umgebung, was Einfluss auf das innere Klima und die Einstellung der Soldaten hatte. Mehr als einmal beschrieb Jünger den wortkargen niedersächsischen Menschenschlag, der es gewohnt war, Härten zu ertragen, ohne viel Aufhebens darum zu machen.

---

60 Voigt, Regimentsgeschichte, Seite 47, und Kiesel: Ernst Jünger im Ersten Weltkrieg, in: Ernst Jünger, Kriegstagebuch, Seite 607 f. – Im Jahr 1775 hatte der englische König und Kurfürst von Hannover, Georg III., drei Bataillone aus Hannover nach Gibraltar verlegt, um die britischen Truppen bei der Verteidigung der Festung gegen spanische und französische Truppen zu unterstützen. Die Belagerung Gibraltars wurde 1783 erfolglos aufgegeben, und die drei Bataillone erhielten den Ehrentitel »Gibraltar-Bataillone«. Nach Auflösung der kurfürstlich-hannoverschen Armee durch Napoleon im Jahr 1803 gründete Georg III. »The King's German Legion«, den Truppenteil, der im Verbund mit britischen Truppen gegen die napoleonische Besetzung Europas auf der iberischen Halbinsel (Peninsula) und bei Waterloo kämpfte. Ursprünglich nur aus Hannoveranern bestehend, dienten später auch Angehörige anderer deutscher Staaten in der »Deutschen Legion«. Nach der vernichtenden Niederlage Napoleons bei Waterloo wurde die Legion aufgelöst und bildete die Stammtruppenteile der königlich-hannoverschen Garde sowie des 7. Infanterie-Regiments.

61 Voigt, Regimentsgeschichte, Seite 48.

In diesem Regiment meldete sich der Oberprimaner Ernst Jünger nach Beginn des Ersten Weltkriegs am 4. August 1914 als Freiwilliger. Das Regiment wurde während des gesamten Krieges ausschließlich an der Westfront eingesetzt, die meiste Zeit davon in einem Gebiet zwischen Arras, Cambrai und St. Quentin (siehe Abbildung 1: Die Bewegungen des Füsilierregiments 73 von 1914 bis 1918).

Doch bevor der Einsatz des Verbands am Wäldchen 125 anhand Jüngers Tagebuchaufzeichnungen beschrieben werden soll, sei zunächst ein Blick auf die Lage und den Zustand des deutschen Heeres im Sommer 1918 erlaubt.

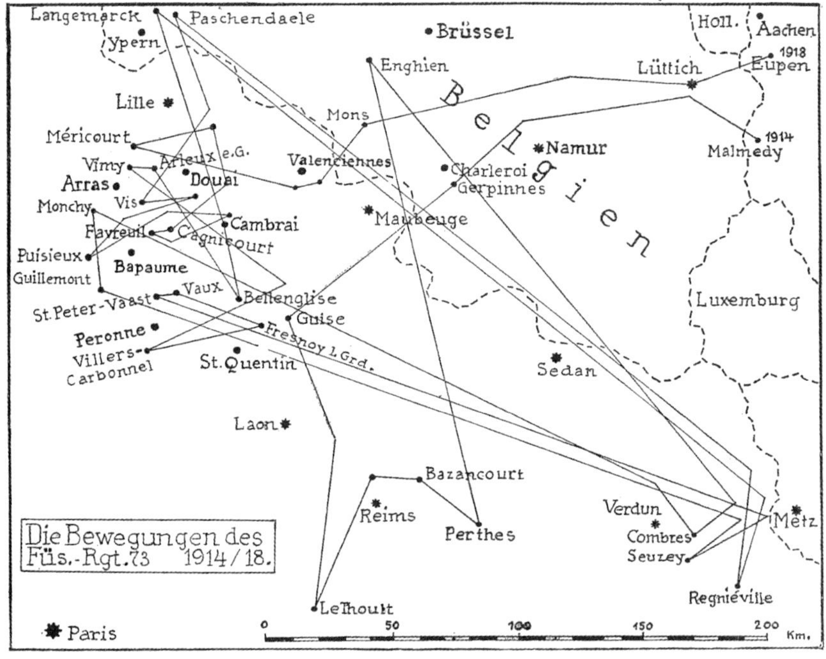

Abbildung 1: Die Bewegungen des Füsilierregiments 73 von 1914 bis 1918

Zur Lage des deutschen Heeres im Sommer 1918

Das deutsche Heer war nach vier Jahren Krieg im Sommer 1918 längst geschlagen. Ein militärischer Sieg über die Alliierten war nach den verlustreichen Schlachten und den Personal wie Material vernichtenden ununterbrochenen Kampfhandlungen an allen Fronten unmöglich geworden. Zwar hatten die Mittelmächte Deutschland und Österreich seit Herbst 1917 und dann besonders mit den Frühjahrsoffensiven 1918 das Heft des Handelns in die Hand genommen, die erzielten taktischen Gewinne verbesserten aber nicht die strategische Situation Deutschlands.

Anzeichen von kollektiver Erschöpfung und allgemeiner Kriegsmüdigkeit sowohl der Heimatgesellschaften als auch des Militärs waren auf beiden Seiten der Kriegsgegner schon im Jahr 1917 unübersehbar. »Das Jahr 1917 bedeutete das Ende der Illusion von einem kurzen Krieg. [...] Die Waffenproduktion kränkelte, die Armeen wurden immer kleiner, der Zusammenhalt der Heimatfront und die Moral der Truppen gerieten ins Schwanken, beide Seiten erprobten weniger kostspielige und verlustreiche Strategien und mäßigten ihre Kriegsziele.«[62] So bezeichnet Jörn Leonhard das Jahr 1917 als das »Jahr der Meutereien und Streiks«.[63] Doch setzte sich diese Entwicklung im Jahr 1918 nicht fort. Vielmehr sei es in dieser Endphase des Krieges zu einer »militärischen, kriegswirtschaftlichen und politischen Remobilisierung« gekommen, die »im Bewusstsein der anstehenden Entscheidung des Krieges« einsetzte.[64]

In der Wahrnehmung der 3. Obersten Heeresleitung (OHL) mit Generalfeldmarschall von Hindenburg und seinem Chef des Stabes General Ludendorff tat sich nämlich für das Jahr 1918 ein, wie es schien, letztes günstiges

---

62 Stevenson, David: Der Erste Weltkrieg 1914–1918, Düsseldorf (Albatros) 2010, Seite 382.

63 Leonhard, Jörn: Die Büchse der Pandora. Geschichte des Ersten Weltkriegs, München (C. H. Beck) 2014, Seite 806.

64 Ebenda.

Zeitfenster auf, um die Alliierten militärisch zu besiegen. Frankreich war nach hohen Verlusten von rund 250.000 Soldaten bis Ende Juni 1917 im Folgenden durch Militärstreiks in 45 Divisionen[65] erschüttert. Diese Krise konnte im Sommer 1917 durch den neuen französischen Oberbefehlshaber General Philippe Pétain mittels Zugeständnissen an die Soldaten, aber auch mit drakonischen Maßnahmen (Hinrichtungen) überwunden werden. An weitere Offensivplanungen konnte mit dieser Armee aber nicht gedacht werden. Auch die Briten zollten für nur geringe Geländegewinne in der dritten Flandernschlacht zwischen Juli und Dezember 1917 hohe Verluste (320.000 Mann) und mussten sich zunächst defensiv verhalten. Außerdem erwarteten die Alliierten eine deutsche Offensive an der Westfront, nachdem durch das Ausscheiden Russlands als Kriegsgegner[66] im Dezember 1917 deutsche Divisionen von der Ostfront an die Westfront verlegt werden konnten. Von den Alliierten war daher zu Beginn des Jahres 1918 keine Offensive zu erwarten.

Zu Recht wurde in der Literatur über die Endphase des Ersten Weltkriegs auf die strategische Vergleichbarkeit des Zusammenhangs zwischen Ostfront und Westfront im Jahr 1914 und unter umgekehrten Vorzeichen im Jahr 1918 hingewiesen: Das Deutsche Reich wollte 1914 nach einem schnellen Sieg gegen Frankreich Kräfte der Westfront für den Einsatz an der Ostfront freisetzen. 1918 sollten Kräfte von der Ostfront eine groß angelegte militärische Durchbruchsoffensive im Westen ermöglichen und damit den Krieg entscheiden.[67]

Mit dieser Hoffnung auf den entscheidenden militärischen Sieg wurden in Deutschland die letzten Kräfte zur März-Offensive 1918 zusammengefasst, bevor sich mit dem Eintreffen von weiteren amerikanischen Truppen[68]

65 Stachelbeck, Christian: Deutschlands Heer und Marine im Ersten Weltkrieg, München (Oldenbourg) 2013, Seite 61 f.

66 Waffenstillstand mit dem durch Revolution im eigenen Land geschwächten Russland im Dezember 1917.

67 Leonhard, Büchse der Pandora, Seite 809.

68 Kriegseintritt der USA am 6. April 1917 infolge des uneingeschränkten deutschen U-Boot-Krieges. Der Kriegseintritt der USA wirkte sich zunächst noch nicht unmittelbar entlastend auf die Alliierten aus, weil erst amerikanische Truppen aufgestellt, ausgebildet und nach Europa verschifft werden mussten. So standen im Januar 1918 erst 150.000 amerikanische Soldaten auf französischem Boden (Stevenson, Der Erste Weltkrieg, Seite 357). Mittel- bis langfristig stand den Alliierten aber mit den USA ein ökonomisches und militärisches Potenzial zur Verfügung, dem die Mittelmächte nichts entgegensetzen konnten.

auf dem europäischen Kriegsschauplatz das Kräfteverhältnis endgültig zuungunsten der deutschen Truppen wandeln würde. Allein die Hoffnung auf einen möglichst vollständigen militärischen Sieg konnte in den Augen der OHL die ungeheuren Opfer der letzten Kriegsjahre rechtfertigen und versperrte zu diesem Zeitpunkt den Weg zu einem Kompromissfrieden.

Die OHL sah sich Anfang des Jahres 1918 mit dem sich abzeichnenden Ende der Kämpfe an der Ostfront erstmals seit der Schlacht um Verdun »wieder in der Lage, eine große Offensive«[69] zu führen. Man bewertete die eigene Kampfkraft sogar so günstig, dass man nicht mehr nur den Abnutzungskrieg in den Stellungen fortsetzen, sondern sogar raumgreifende Operationen planen konnte, die an verschiedenen Stellen der Westfront zwischen der Champagne und Flandern die Front durchbrechen und die Gegner durch eine Umfassung entscheidend schlagen sollten. Mit der sogenannten »Michael«-Offensive vom 21. März bis 5. April 1918 sollten auf der Nahtstelle zwischen den französischen Truppen im Süden und den englischen Truppen im Norden die britischen Armeen mit einer gewaltigen Durchbruchsoperation beiderseits von St. Quentin insgesamt umfasst und von ihrer logistischen Basis an der Kanalküste abgeschnitten werden.

Für die deutsche Offensive wurden insgesamt 33 Divisionen von der Ostfront abgezogen und an die Westfront verlegt. Damit standen annähernd drei Viertel der deutschen Kräfte – etwa 200 Divisionen mit rund vier Millionen Soldaten[70] – an der Westfront zur Verfügung. Das Gesamtkräfteverhältnis zu den Alliierten blieb jedoch für einen großangelegten Angriff weiter zu gering. Zwar waren eine große Zahl der deutschen Truppenteile eigens gegliederte Angriffs- oder Sturmdivisionen, die systematisch auf die bevorstehenden Angriffe vorbereitet wurden und teilweise an nachgebauten Grabensystemen trainierten. Dennoch konnte mit diesen Truppen allenfalls kurzfristig eine lokale Überlegenheit errungen werden. Zwar brachten die neuen Angriffsverfahren »tatsächlich die Lösung des Knotens [Stellungskrieg] mit einer erneuten Bewegung

69 Leonhard, Büchse der Pandora, Seite 827.

70 Zahlen nach: Stachelbeck, Heer und Marine, Seite 64. – Stevenson geht auf deutscher Seite von einer Steigerung der Anzahl an Divisionen an der Westfront von 147 auf 191 Divisionen aus, die damit insgesamt 136.618 Offiziere, 3.438.288 Mannschaften und Unteroffiziere sowie 710.827 Pferde umfassten.

auf dem Gefechtsfeld«.[71] Für den geplanten Übergang zu einem operativen Bewegungskrieg in größerem Maßstab fehlten der deutschen Seite aber stoßkräftige Reserven, die einen Durchbruch hätten ausweiten können. Die Motorisierung und Bespannung von Kampftruppen, Artillerie und Nachschub waren völlig unzureichend. Es gab schlicht zu wenige Lastwagen zum Transport von Soldaten, Material und Munition. Die Treibstofflage war unbefriedigend und konnte nicht mehr entscheidend verbessert werden. Der generelle Mangel an Pferden Anfang 1918 sowie der Zustand der Pferde im fünften Kriegsjahr ließen keine große Leistung mehr erwarten. Die Rohre der Artilleriegeschütze waren zu einem großen Teil ausgeschossen und konnten seit 1917 nicht mehr umfassend durch neue Geschütze ersetzt werden. Die Artilleriemunition bestand meist aus Graugussgranaten, die nicht die gewünschte Wirkung im Ziel zeigten. Wenn auch sogenannte Schlachtfliegerabteilungen aufgestellt wurden, die unmittelbar in die Bodenkämpfe eingreifen sollten, so ging die anfängliche deutsche Luftüberlegenheit durch die erhöhte alliierte Flugzeugproduktion mehr und mehr verloren. Dem Tank, der Angriffswaffe schlechthin, maß Ludendorff keine besondere Bedeutung bei. Entsprechend wenig wurde deren Produktion forciert, die ohnehin aufgrund der schlechten Situation in der Rüstungsindustrie sich kaum noch hätte auswirken können.

Die OHL verschloss sich diesen offenkundigen Mängeln und setzte auf vermeintlich überlegene militärische Führungsqualitäten und den größeren Angriffsgeist in der Truppe. Man könnte der 3. OHL aber auch »Realitätsblindheit«[72] oder schlicht ein »Vabanque-Spiel im Sinne der Devise Sieg oder Niederlage«[73] unterstellen.

Dieses Missverhältnis zwischen den großgesteckten Zielen und den dafür verfügbaren Ressourcen zeigte sich in jeder militärischen Operation in diesem Frühjahr: Zwar gelang es, in der »Michael«-Offensive vom

71 Thoß, Bruno: Militärische Entscheidung und politisch-gesellschaftlicher Umbruch. Das Jahr 1918 in der neueren Weltkriegsforschung, in: Kriegsende 1918. Ereignis, Wirkung, Nachwirkung, im Auftrag des Militärgeschichtlichen Forschungsamtes hrsg. von Jörg Duppler und Gerhard P. Groß, München (R. Oldenbourg) 1999, Seite 28.

72 Deist, Wilhelm: Verdeckter Militärstreik im Kriegsjahr 1918? in: Der Krieg des kleinen Mannes. Eine Militärgeschichte von unten. Hrsg. von Wolfram Wette, 2. Aufl., München/ Zürich (Piper) 1992, Seite 224.

73 Stachelbeck, Heer und Marine, Seite 66.

21. März bis 5. April fast 50 km tief hinter die feindliche Stellungslinie vorzudringen, jedoch erlitt das Deutsche Reich in diesen 16 Tagen Verluste in Höhe von etwa 235.000 Soldaten.[74] Die Versorgung der Truppe mit Nachschub, vor allem Munition, war in dem total verwüsteten Frontabschnitt nicht zu gewährleisten, da die meisten Eisenbahnlinien zerstört waren und die Pferdefuhrwerke auf den völlig zerschossenen Wegen nicht durchkamen. Die logistische Absicherung hielt mit den verbesserten Angriffsverfahren schlicht nicht Schritt.

Es folgten weitere Offensiven an anderen Stellen der Westfront,[75] die einerseits zwar teilweise erhebliche Geländegewinne brachten, andererseits aber mit so hohen Personalverlusten auf deutscher Seite erkauft werden mussten, dass diese einfach nicht mehr ersetzt werden konnten. Im Gegensatz dazu konnten die Alliierten auf einen permanenten Zustrom von frischen amerikanischen Truppen zählen, welcher die eigenen Verluste kompensierte. Dennoch schöpfte die deutsche Seite Hoffnung aus den (Anfangs-)Erfolgen, man war schließlich weniger als 90 km von Paris entfernt, wie 1914 wurde die französische Hauptstadt wieder von deutscher Artillerie beschossen.

Zu dem Zeitpunkt, an dem die Operation »Gneisenau« mit einem Zangenangriff deutscher Truppen ab 9. Juni 1918 mit dem Ziel begann, französische Truppenteile bei Compiègne einzuschließen, übernahm Ernst Jünger nach seiner erneuten Rückkehr ins Kriegsgebiet seine Kompanie und bereitete sich auf den Einsatz am Wäldchen 125 vor.

Zum generellen Verlauf der deutschen Offensiven im Frühjahr 1918 ist zu sagen, dass unterschiedlich tiefe Einschnitte in der gegnerischen Front erzielt wurden, die Operationen jetzt aber exzentrisch auseinanderliefen, weil auch kleinste Erfolge ausgenutzt werden sollten. Das hinderte die deutsche Seite an einer Zusammenfassung und Fokussierung der Kräfte auf einen Abschnitt der Front. Die ohnehin knappen Angriffskräfte wurden nicht mit einem klaren Ziel eingesetzt, sondern ohne Schwerpunkt und eindeutige Absicht über die Frontbreite verteilt.

---

74 Leonhard, Büchse der Pandora, Seite 839.

75 Die Operation »Georgette« vom 9. bis 29. April 1918 gegen den Höhenzug von Passchendaele, die Operationen »Blücher« und »Yorck« vom 27. Mai bis 5. Juni 1918 am Chemin des Dames.

Immer neue taktische »Hammerschläge«[76] auf verschiedene Stellen der alliierten Front nutzten die knappen deutschen Kräfte weiter ab. Ludendorff hingegen hielt am Offensivgedanken fest und hoffte darauf, dass sich die Anstrengungen letztendlich auszahlten. Seit Mitte Juli 1918 konzentrierten sich die deutschen Angriffe schließlich auf die Marne. Dort konnten die Deutschen zwar über den Fluss setzen, doch gelang es den Alliierten, ihre Frontlinie zu stabilisieren und begrenzte Gegenangriffe zu organisieren. Denn die alliierte Seite hatte aus den deutschen Frühjahrsoffensiven ihre Lehren gezogen: »bessere Aufklärung (zur Vermeidung von Überraschungen), eine angemessene Truppenstärke in der ersten und zweiten Linie, Reserven zur Stabilisierung der Flanken eines möglichen Frontbogens und möglichst schnelle Gegenangriffe« fasst Stevenson die Erinnerungen des französischen Oberbefehlshabers Marschall Foch zusammen.[77] Gemeinsam mit herangeführten amerikanischen Divisionen konnte so nicht nur der deutsche Angriff über die Marne abgewehrt, sondern sogar mit einem eigenen Gegenstoß deutliche Geländegewinne erzielt werden.

Leonhard datiert diese Wende, bis zu der »der deutsche Sieg noch einmal greifbar nahe schien«, um den 18. Juli 1918. Ab diesem Zeitpunkt gelang es den Alliierten, bis etwa zum 6. August 1918 »die deutschen Gebietsgewinne aus den letzten Angriffsoperationen zurückzuerobern und gegen Soissons und Reims vorzugehen. Die Verluste an Toten, Verwundeten und Gefangenen blieben mit 134.000 alliierten und 139.000 deutschen Soldaten zwar relativ ausgewogen. Aber allein die hohe Zahl von 29.000 deutschen Gefangenen deutete eine Trendwende an. […] Seit den Tagen des 18. Juli 1918 befanden sich die deutschen Truppen auf dem Rückzug. Das bedeutete den Übergang zur Defensive, ein ›point of no return‹ mit weit reichenden Konsequenzen.«[78] Nach Angaben des amtlichen Weltkriegswerkes betrugen die deutschen Gesamtverluste von März bis Juli 1918 rund 950.000 Mann, davon 126.000 Gefallene und 101.000 Vermisste.[79] Das entsprach über 50 Prozent der Frontsoldaten zu

---

76 Stachelbeck, Heer und Marine, Seite 66.
77 Stevenson, Der Erste Weltkrieg, Seite 501.
78 Leonhard, Büchse der Pandora, Seite 843 ff.
79 Zahlen nach Stachelbeck, Heer und Marine, Seite 66.

Beginn der Frühjahrsoffensiven im März 1918, personelle Verluste, die nicht mehr kompensiert werden konnten.

Die aussichtslose Situation für die Deutschen zeigte sich auch in der nun folgenden Schlacht von Amiens vom 8. bis 12. August 1918, in der die Alliierten den deutschen Frontbogen aus der März-Offensive (»Michael«) eindrücken wollten. Die Alliierten nutzten nun ihre materielle Überlegenheit an Flugzeugen, Panzern und Artillerie aus, agierten aber auch flexibel und berücksichtigten Erfahrungen aus vergangenen Gefechten. So brachen sie beispielsweise den Angriff am 12. August ab, bevor er sich am deutschen Widerstand festgefahren hatte und weitere Erfolge nur unter Inkaufnahme hoher Verluste zu erzielen waren. Den 8. August 1918 erlebte Ludendorff als den »Schwarzen Tag des deutschen Heeres«, als es den Alliierten gelang, bei Amiens die deutsche Front mit Panzern zu durchstoßen und so eine Lücke für Kavallerieverbände und Infanterie zu schaffen. Nicht so sehr die 24 km breite Lücke in der Front oder der 19 km tiefe Rückzug der Deutschen machte den Unterschied aus, sondern die Tatsache, dass die deutschen Truppen so dezimiert und ausgelaugt waren, dass sie keine Gegenangriffe mehr organisieren konnten und dass der militärische Zusammenhalt verloren ging.[80] Ludendorff wird später in seinen Memoiren schreiben, dass »die Tage nach dem 8. August die schlimmsten waren, die ich bis zum endgültigen Zusammenbruch erlebt hatte«.[81] Ludendorff gab nun jegliche Hoffnung auf, die Initiative des Handelns wiederzuerlangen, und musste sich seitdem auf eine reine Defensivstrategie mit gelegentlichen begrenzten Gegenstößen beschränken. Diese pessimistische, aber durchaus realistische Einschätzung Ludendorffs wurde jedoch noch nicht in Richtung Kaiser oder Kanzler kommuniziert.

Groß angelegte Offensiven wie im Frühjahr 1918 standen schon seit 1915/16 auf äußerst schwachen logistischen Beinen. Im Jahr 1918 waren

---

80 Leonhard schreibt, dass von den 41.000 deutschen Verlusten über 33.000 Gefangene waren, dass an einem einzigen Tag 16.000 Soldaten in Gefangenschaft gerieten. »Das war eine neue Qualität.« Leonhard, Seite 849. – Man kann an diesen hohen Gefangenenzahlen ablesen, dass der innere Zusammenhalt der deutschen Armee bröckelte, dass die Soldaten nicht mehr bis zum Letzten kämpften. Auch erste Disziplinarprobleme, Fälle von Ungehorsam oder Desertion sind als einzelne Tatsachen ab dem Sommer 1918 feststellbar. Es handelte sich dabei aber nicht um einen »verdeckten Militärstreik«. – Vgl. Leonhard, Büchse der Pandora, Seite 851 f.

81 Zitiert bei Stevenson, Der Erste Weltkrieg, Seite 506.

sie bei realistischer Betrachtung praktisch nicht mehr durchführbar. So kann man die deutschen Offensiven des Jahres 1918 als ein letztes Mobilisieren und Aufbäumen charakterisieren, das beinahe jeden Bezug zur Realität verloren hatte. Für Ludendorff kam der militärische Sieg als einzige Möglichkeit des Kriegsendes in Betracht. Ludendorffs Fehlkalkulation hatte ihren Grund in seiner »Unfähigkeit, militärische Programme [aufzustellen], die auf einer realistischen Bewertung der zur Verfügung stehenden Ressourcen in Deutschland basierten«.[82] Unmittelbarer Anlass zum deutschen Waffenstillstandsgesuch im September 1918, also zeitlich direkt im Anschluss an die gescheiterten Offensiven, »war die militärische Ausweglosigkeit, aber diese hing zusammen mit der wirtschaftlichen Erschöpfung sowohl in der Rüstungsindustrie wie in der zivilen Versorgung«.[83] Diese Erschöpfung – man sollte hier eher von Zusammenbruch sprechen – wurde durch die letztmögliche, große Kraftanstrengung im Frühjahr und Sommer 1918 noch beschleunigt. »Die Alles-Oder-Nichts-Offensive Hindenburgs und Ludendorffs vom Frühjahr 1918 eröffnete das Endspiel [des Krieges]. Ihr Scheitern ruinierte die deutsche Armee und machte einen alliierten Sieg möglich.«[84] Und in eben dieser Schlussphase des Ersten Weltkriegs wurden Ernst Jünger und seine Männer am Wäldchen 125 eingesetzt, hielten diesen Abschnitt gegen britische und später neuseeländische Truppen, erlitten erneut hohe Verluste und mussten schließlich durch einen kampfkräftigeren Truppenteil abgelöst werden. Der Kampf um das Wäldchen 125 ging mit anderen deutschen Truppenteilen weiter. Die desolate Gesamtsituation des deutschen Heeres muss man sich vergegenwärtigen, wenn man den Kampf um das Wäldchen 125 näher betrachtet. Dieser kleine Abschnitt an der Westfront war für die Gesamtlage nicht von entscheidender Bedeutung. Der Kampf um das Wäldchen wurde aber dennoch so erbittert geführt, als ob das Schicksal Deutschlands an ihm hinge. Dies wird im folgenden Abschnitt aus Ernst Jüngers Tagebuchaufzeichnungen deutlich.

---

82 Feldman, Gerald D.: Armee, Industrie und Arbeiterschaft in Deutschland 1914 bis 1918, Berlin/Bonn (J. H.W. Dietz Nachf.) 1985, Seite 394.

83 Hardach, Gerd: Der Erste Weltkrieg, hrsg. von Wolfgang Fischer, München (dtv), 1973, Seite 144. (= Geschichte der Weltwirtschaft im 20. Jahrhundert, Band 2)

84 Stevenson, Der Erste Weltkrieg, Seite 471.

Der Kampf um das Wäldchen 125 im Juni und Juli 1918 im Tagebuch

»Am Vormittag [des 2. Juni 1918] fuhr ich von Hannover ab, um mich wieder in's Feld zu begeben. Am Abend war ich in Köln, besah das Innere des Domes und fuhr weiter nach Brüssel.«[85]

Mit diesen ersten Eintragungen begann Ernst Jünger am 2. Juni 1918 eine neue Kladde seines Tagebuchs und beschrieb damit seine erneute Anreise an die Westfront zu seinem Regiment. Jünger hatte gerade in der hannoverschen Heimat eine schwere Verwundung auskuriert, die er sich am 22. März 1918 in der sogenannten »Michael«-Offensive an der Somme, der ›Großen Schlacht‹, wie er die Geschehnisse nannte, zugezogen hatte. Es war dies seine sechste Verwundung, und es sollte nicht seine letzte sein. Am Nachmittag des 4. Juni meldete sich Jünger dann bei seinem Regiment in Vraucourt im Nordosten Frankreichs zurück. Damit begann eine Episode, die von intensiven Kämpfen um das Wäldchen 125 geprägt war und die mit der Herauslösung des Regiments aus der Front am 30. Juli 1918 enden sollte.

Die deutschen Regimenter verblieben auf dem westlichen Kriegsschauplatz jeweils eine bestimmte Zeit in ihren Stellungen an der Front, bevor sie dann zur Erholung, Auffrischung bzw. auch zur personellen und materiellen Ergänzung und der damit verbundenen Ausbildung für eine neue Aufgabe in einem weniger von Kämpfen betroffenen Frontabschnitt eingesetzt wurden. Jüngers Regiment befand sich Anfang Juni 1918 in einer Ruhestellung an der eher ruhigen Front südlich von Arras. Insgesamt machten die ›Nichtgefechtshandlungen‹ während des gesamten Krieges

---

85 Jünger, Kriegstagebuch, Seite 399, 2. Juni 1918. – In dieser Arbeit werden längere Auszüge aus Jüngers Tagebuchaufzeichnungen nach dem von Helmuth Kiesel herausgegebenen Kriegstagebuch zitiert und jeweils kursiv gesetzt, um diese deutlicher vom Text abzuheben. Dabei werden auch offensichtliche Schreibfehler o. Ä. nicht korrigiert, sondern so wiedergegeben, wie es dem originalen Text im Tagebuch entspricht.

einen erheblichen Teil des soldatischen Alltags an der Front aus. Diese sogenannten ›Ruhephasen‹ spielten jedoch für den Erhalt bzw. für die Wiederherstellung der Kampfkraft eine wichtige Rolle.[86]

Jünger traf seine Kompanie auf dem Schlachtfeld vom 22. März 1918 bei Vraucourt an, ganz in der Nähe jenes Ortes, an dem er drei Monate zuvor verwundet worden war.

> *Ich bekam von dem neuen Kommandeur, Major v. Lüttichau wieder die Führung der 7. [Kompanie], die ganz nah bei dem für sie historischen Vraucourt liegt. Ein Mann sprang mir entgegen und nahm meine Sachen ab und sagte, daß sich die Komp [Kompanie] über meine Rückkunft sehr freute.*
> *Die Komp. liegt, da alle Dörfer zerstört sind, mitten im unbebauten Gelände in von den Engländer hinterlassenen Baracken. Man hat so ganz das Gefühl, in einem Cowboy-Dorf zu wohnen, da man beim Verlassen der Baracke mitten in einer grünen gelbbeblümten Wiesenlandschaft steht, ein Eindruck, der durch die Herden weidender Pferde noch verstärkt wird.*[87]

Ernst Jünger wurde also wieder mit der Führung »seiner« 7. Kompanie beauftragt. Als Kompanieführer war er damit Vorgesetzter von bis zu 150 Soldaten, eine Zahl, die sich im Laufe des Krieges durch Verluste und Verwundungen stetig reduzierte, da immer weniger Soldaten aus der Heimat als Ersatz zur Verfügung standen.

Die Tätigkeit in einer Ruhestellung bestand in erster Linie aus Ausbildung und der Integration des neu zuversetzten Personals. Daneben zählten in gleicher Weise die Zuführung von Ausrüstung und Verpflegung sowie Maßnahmen der Truppenbetreuung wie Konzerte oder Gottesdienste und Urlaubsphasen dazu. Ruhephasen boten aber auch Gelegenheit zu Erholung und Zerstreuung, wie Ernst Jünger über diese Phase kurz nach seiner Rückkehr zur Truppe schrieb:

> *Hielt am Morgen mit der winzigen Komp. Exerzieren ab. Wir sahen dabei, wie ein eigener Ballon von einem Flieger angegriffen wurde und der Insasse sich durch Fallschirm rettete.*

---

86 Stachelbeck, Militärische Effektivität im Ersten Weltkrieg. Die 11. Bayerische Infanteriedivision 1915 bis 1918, München (Schöningh) 2010, Seite 9 f.

87 Jünger, Kriegstagebuch, Seite 399, 4. Juni 1918.

Anschließend machte ich einen Spazierritt nach dem Hohlwege, durch den ich Vaux-Vraucourt stürmen wollte. Die Landschaft ist jetzt mit Grabkreuzen besät auch mancher Namen der 7. Komp. steht darauf. Ein süßlicher Leichengeruch schwebt über der ganzen Gegend.[88]

a. Übernahme des Frontabschnitts

Am Nachmittag des 6. Juni »kam der plötzliche Befehl, ssw [südsüdwestlich] Buquoy [sic!] in Stellung zu gehen«,[89] um das dort eingesetzte Infanterieregiment 152 abzulösen. Das II. Bataillon, zu dem Ernst Jüngers 7. Kompanie gehörte, wurde in der Nacht (zunächst mit Lastwagen) bis Achiet-le-Grand gebracht, was Jünger mit der Bemerkung »Gott sei Dank wurden uns Autos gestellt« quittierte. Von dort ging dann das Bataillon entlang des Bahndamms Achiet–Bapaume auf die vordere Stellung zu, die Bucquoy vor sich, Puisieux-au-Mont hinter sich hatte.[90] Schon beim Anmarsch auf die neue Stellung wurde die ständige Bedrohung durch feindlichen Artilleriebeschuss deutlich:

Es war ziemlich lebhafter Feuerbetrieb. Als wir einen Augenblick ausruhten, schlugen 2 mittlere Granaten dicht bei uns ein. Die Erinnerung an das Unglück vom 19. März gab uns neue Marschfreudigkeit.
Dicht hinter dem Graben stand eine abgelöste Kompanie, die Lärm machte. Natürlich fuhr, grad als wir vorbeigingen, ein Dutzend Schrapnells dazwischen. Um 3 Uhr kam ich in meinem Unterstande an, dessen drangsalsvolle Enge mir wenig Genuß für die kommende Zeit versprach.[91]

---

88 Jünger, Kriegstagebuch, Seite 400, 5. Juni 1918, im Kriegstagebuch fälschlich unter dem Datum 5.VI.17.

89 Ebenda, Seite 400, 6. Juni 1918.

90 Ebenda.

91 Ebenda. – In der »Schreckensnacht des 19. März« 1918 verlor Jünger während des Aufmarschs zur »Michael«-Offensive bei Cagnicourt von seiner über 150 Mann starken Kompanie 87 Soldaten durch eine einzige Artilleriegranate, als die Kompanie in einem Trichterfeld Deckung suchte. – Vgl. auch: Schwilk, Jahrhundertleben, Seite 179 f.

Nachdem bereits Ende 1914 der Bewegungskrieg an der Westfront zum Stillstand gekommen war, entzogen sich die Soldaten an Ort und Stelle der feindlichen Waffenwirkung, indem sie sich buchstäblich in die Erde eingruben. Durch immer weiteren Ausbau und Verbesserung der Schützengräben entstand ab dem Jahr 1915 ein regelrechtes Grabensystem entlang der gesamten 860 Kilometer langen Westfront. Dieses bestand aus mehreren in die Tiefe gestaffelten Gräben für die Infanterie, Verbindungsgräben zur gedeckten Versorgung der vordersten Linie mit Personalersatz, Munition und Lebensmitteln sowie aus Unterständen, Gefechtsständen für die Führung oder für Sanitätseinrichtungen. Nach dem britischen Historiker David Stevenson waren die Deutschen »die ersten, die das Grabensystem entwickelten. Schützengräben konnten klaustrophobisch sein, voller Ungeziefer, übelriechend, nass und kalt, aber sie boten den besten verfügbaren Schutz gegen Granateinschläge und Gewehr- und MG-Kugeln – und sie retteten Menschenleben.«[92] Der Historiker Jörn Leonhard bezeichnete die Schützengräben gerade an der Westfront als »einen ikonischen Ort des Krieges, an dem sich die spezifische Überlagerung aus Angst und Langeweile, aus verdichteter Todesgefahr und Stagnation, aber auch die geographischen und klimatischen Gegebenheiten am deutlichsten erfahren ließen«.[93] Für Wolfgang Mommsen hingegen wurde in den Stellungssystemen das herkömmliche Soldatenleben »reduziert auf den täglichen Kampf gegen Kälte, Schlamm und Nässe, gegen Krankheiten aller Art und auf das passive Erleiden von Schrapnell- oder Artilleriebeschuss, ohne etwas dagegen tun zu können, als sich immer tiefer einzugraben und die eigenen Stellungen möglichst beschusssicher auszubauen«.[94]

Die sogenannte Vordere Linie der Schützengräben lag dem Gegner am nächsten und musste gehalten bzw. sofort zurückerobert werden, wenn Teile davon in die Hand des Gegners gefallen waren. Das sogenannte ›Niemandsland‹ zwischen dem deutschen und dem alliierten Grabensystem war durchschnittlich 100 bis 400 Meter breit, konnte im Extremfall, etwa

92 Stevenson, Der Erste Weltkrieg, Seite 220.

93 Leonhard, Büchse der Pandora, Seite 330.

94 Mommsen, Wolfgang J.: Kriegsalltag und Kriegserlebnis im Ersten Weltkrieg, in: Militärgeschichtliche Zeitschrift (MGZ) 59 (2000), Seite 128.

bei Vimy, nur etwa 25 Meter schmal, aber auch gut 1.000 Meter breit sein wie nach dem deutschen Rückzug auf die Siegfriedstellung im Frühjahr 1917. Eine hinter den vorderen Stellungen liegende mittlere Linie etwa 1.000 Meter dahinter nahm die MG-Stellungen auf und bot den Soldaten Deckung und Schutz, wenn die Vordere Linie unter Artilleriebeschuss lag. Weitere rückwärtige Linien außerhalb der Reichweite der feindlichen Artillerie boten Platz für die Reservetruppen. Im Mai 1915 hatte Generalstabschef Erich von Falkenhayn angeordnet, dass abhängig vom Gelände 1.800 bis 2.700 Meter hinter der Vorderen Linie eine sogenannte Reservelinie entlang der gesamten Westfront ausgebaut werden sollte. Nach den Erfahrungen vom September 1915, als die Franzosen teilweise die zweite deutsche Linie erreicht hatten, wurden etwa 3.000 Meter hinter der Reservelinie weitere Stellungen für eine dritte Linie ausgebaut. Diese weitere Tiefenstaffelung sollte einen feindlichen Durchbruch verhindern, weil sich die Verteidiger immer wieder in hinteren Stellungen formieren, dort den Gener aufhalten sowie weiteres Personal und Nachschub heranschaffen konnten.[95]

»Zur Perfektionierung der Grabensysteme gehörten Verschalungen, Sandsackstapel, spezielle Schießscharten sowie bewegliche Drahthindernisse im Vorfeld des Grabens, die bei einem eigenen Angriff zu Sturmgassen geöffnet werden konnten.«[96] Einen Eindruck vom typischen Aufbau eines Schützengrabens vermittelt Abbildung 2 aus dem Duden von 1938 auf den folgenden Seiten. Dabei wurden die Schützengräben nicht linear, sondern als Zickzackmuster angelegt, um zu verhindern, dass ein einmal in den Graben eingedrungener Gegner entlang des kompletten Grabens schießen konnte, aber auch um die Druck- und Sprengwirkung von Artilleriegranaten und Schrapnells örtlich einzudämmen.

---

95 Zahlenangaben nach Stevenson, Der Erste Weltkrieg, Seite 222.
96 Leonhard, Büchse der Pandora, Seite 332.

A
41
36
40
39
a
38
41
b
37
b
36
38
36
38
34
34
a
b
33
35
31
c
32
35
29
30
1
31
a
b
27
28
24
26
10
25
15
7
8
9
23
22
20
14
6
5
21
16
13
13
13
13
12
a
a
a
18
19
2
3
18
19
17

A Der Schützengraben

1 der Schützengraben (Graben; hier der vorderste Graben, Kampfgraben, die erste oder vorderste Linie; eine Feldbefestigungsanlage), **2** der Stolleneingang (vgl. B), **3** ein Mann der Grabenbesatzung, **4** der (erhöhte) Postenstand (ein Schützenauftritt, Auftritt des Grabens), **5** die Verkleidung der vorderen Grabenwand aus Holzknüppeln (Knüppeln), **6** die Berme (ein Absatz, eine Armauflage zum Schießen), **7** die (aus Sandsäcken aufgebaute) Brustwehr, **8** der Schutzschild (die Stahlblende; eine Panzerplatte): **a** der Sehschlitz, **9** der Grabenposten (Beobachtungs-, Alarmposten, Posten; ein Soldat, Feldgrauer), **10** die Zeltbahn (als Schutz gegen Witterung und Tarnung gegen Fliegersicht), **11** der Schlegel (Klöppel) für **12**, **12** das Alarmgerät, **13** die Schulterwehr: **a** die Faschine (das Strauchflechtwerk, Reisiggeflecht; eine Verkleidung), **14** der Sandsack **15** die Krone (der Oberteil) der Schulterwehr, **16** die Spreize (eine Strebe, Stütze) aus Kantholz (einem schwachen Balken), **17** der Laufgraben (Annäherungs-, Verbindungsgraben), **18** der Lattenrost, **19** die Entwässerungsrinne (Abflußrinne), **20** die Rückenwehr, **21** ein Mann der Grabenbesatzung im Unterschlupf (in einer splittersicheren Deckung), **22** das Wellblech, **23** der Schützenauftritt (Auftritt), **24** der Beobachtungsposten (Grabenposten, Posten); **3**, **9**, **21** u. **24** gehören zur Grabenbesatzung (Besatzung des Grabens); **25** die (vordere, nicht verkleidete) Grabenwand (Grabenböschung, Böschung), **26** die Nische für Munition (Munitionsnische), **27** das schußbereite Gewehr, **28** die (eingebaute) Schießscharte, **29** der Schützengrabenspiegel (Grabenspiegel; ein Beobachtungsspiegel, Spiegel zur gedeckten Beobachtung), **30** die Sandsackverkleidung der Schulterwehr, **31** das Stacheldrahthindernis (Pfahlhindernis): **a** der Holzpfahl (Pfahl), **b** der Stacheldraht, **32** das Stolperdrahthindernis (der Stolperdraht), **33** das Drahtwalzenhindernis (ein Schnelldrahthindernis), **34** der spanische Reiter (ein bewegliches Drahthindernis, Schnelldrahthindernis) zum Schließen (Sperren) von **35**: **a** das Holzkreuz, **b** die Verbindungsstange (eine Längsachse), **c** der Stacheldraht, **35** die Hindernislücke (Gasse, der Durchlaß); **31–35** bilden das Drahthindernis (Hindernis, den Drahtverhau, die Hindernisanlage; ein künstliches Hindernis); **36** das Vorfeld (Vorgelände, Niemandsland), **37** der Spähtrupp (Erkundungstrupp, die Patrouille gegen den Feind): **a** der Truppführer (Führer; ein Späher), **b** der Späher (ein Teilnehmer an der Patrouille), **38** die Sappe (ein feindwärts angelegter Stichgraben), **39** die auseinandergezogene Drahtwalze, die zum Versperren der Sappe bei feindlichem Angriff bereitliegt, **40** der Horchposten (vgl. C), **41** das feindliche Drahthindernis (Hindernis, der feindliche Drahtverhau)

Abbildung 2: Aufbau eines Schützengrabens

Mit diesen Grabensystemen entstand an der Westfront eine Art zusammenhängendes Labyrinth von insgesamt über 40.000 Kilometer Länge,[97] das eine Orientierung sehr schwer machte. Der Gefahr des Verlaufens und damit in die Hände des Feindes zu fallen, wurde durch abgestellte Führer und durch intensive Einweisungen und Übergaben der jeweiligen Stellung begegnet.

97 Leonhard, Büchse der Pandora, Seite 333.

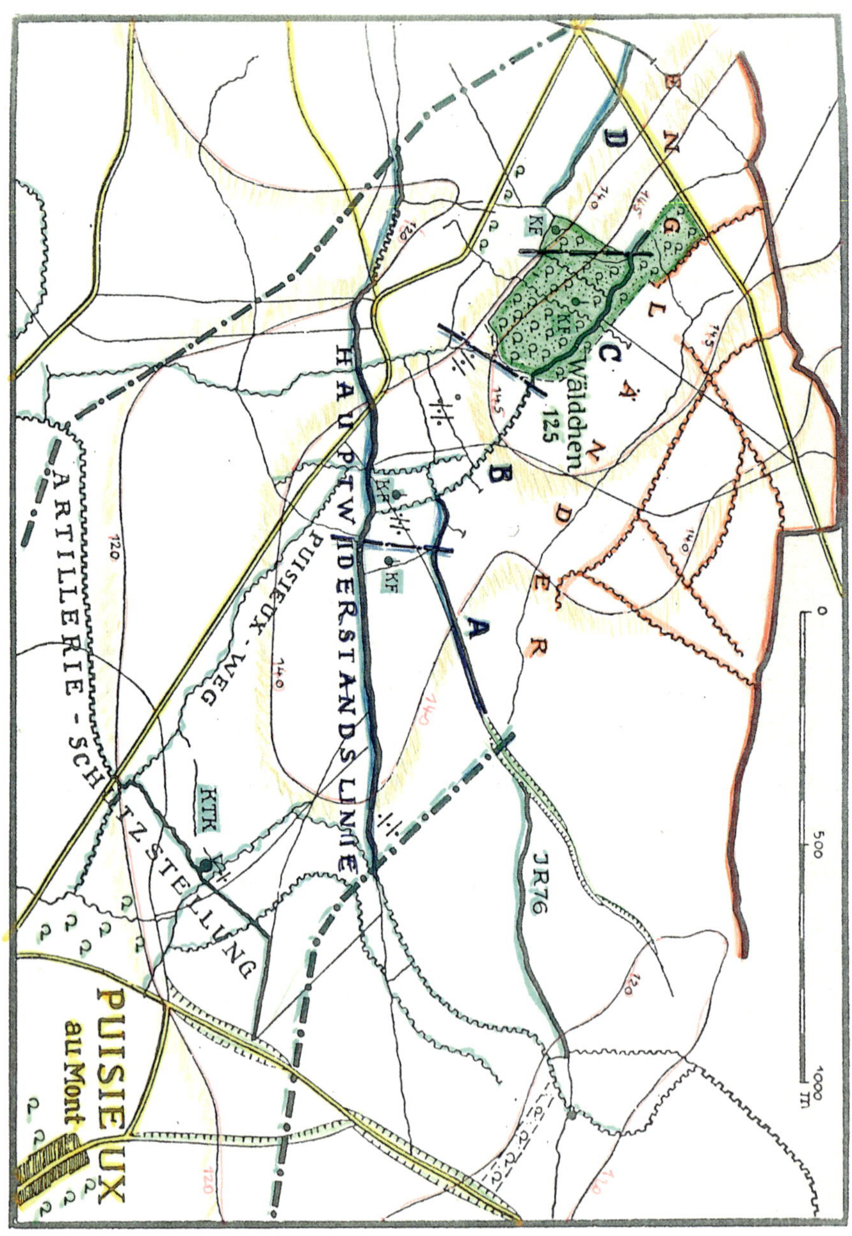

Karte 1: Stellungsverlauf am Wäldchen 125 bei Übernahme des Abschnitts am 9. Juni 1918

Das Grabensystem vor dem Wäldchen 125 war eine alte deutsche Verteidigungsstellung aus der Schlacht an der Somme 1916. Durch die im weiteren Verlauf des Krieges erfolgten Geländegewinne und Verschiebungen der Front – zuletzt wurde das Wäldchen im Rahmen der »Michael«-Offensive vom 21. März bis 5. April 1918 von deutschen Truppen eingenommen – wurde dieses Grabensystem im Sommer 1918 schließlich sowohl durch englische als auch deutsche Truppenteile gleichzeitig genutzt. Dadurch hing das deutsche Grabensystem geradezu netzartig mit den englischen Gräben zusammen. Die Geschichte des Füsilierregiments vermerkt, dass die Maschen dieses Grabennetzes über die Vordere Linie hinaus bis zum Feind verliefen. Die Gräben boten damit gedeckte Annäherungsmöglichkeiten von beiden Seiten. Die Grabenausläufer waren mit Verdrahtungen, Barrikaden oder geballten Ladungen gesperrt und wurden durch Posten mit leichten Maschinengewehren gesichert. Die gegnerischen Stellungen lagen nur etwa 200 Meter auseinander, teilweise sogar nur 50 Meter. Zum besseren Überblick siehe Karte 1. Das Wäldchen 125 lag im linken Abschnitt der deutschen Stellung. Parallel zum nördlichen Waldrand verlief in 10 bis 15 Metern Tiefe im Waldstück der unübersichtliche, flache Kampfgraben. Von diesem Kampfgraben stießen etwa zehn ehemalige Laufgräben nach vorn, von denen vier bis unmittelbar an den Waldrand reichten. Eine dieser sogenannten Sappen[98] reichte darüber hinaus sechs bis sieben Meter ins freie Feld. Auch die Sappen waren durch Barrikaden aus Baumstämmen und Sandsäcken abgesperrt.

Ernst Jünger beschrieb die Gräben in seinem späteren Buch über das ›Wäldchen 125‹ als »äußerst verfallen, durch Regen ausgewaschen, niedrig und breit. An vielen Stellen hat man versucht, ihre völlige Einebnung durch Abstützungen mit Knüppelholz zu verhindern.«[99] Damit entsprachen die Gräben in diesem Abschnitt der Front nach den Maßstäben des Füsilierregiments 73 nicht den üblichen deutschen Standards

98 Sappen waren teilweise oder ganz gedeckte Gräben, die heimlich in Richtung des Gegners vorgetrieben wurden, um aus diesen dann überraschend zum Sturm hervorzubrechen. Vgl. Raths, Ralf: Vom Massensturm zur Stoßtrupptaktik. Die deutsche Landkriegstaktik im Spiegel von Dienstvorschriften und Publizistik 1906 bis 1918, Freiburg i.Br./Berlin/Wien (Rombach) 2009, Seite 129.

99 Jünger, Wäldchen 125, Seite 151.

und Vorstellungen an der Westfront, denn die Gräben waren weder so vertieft, dass sie volle Deckung gewährten, noch waren Unterschlüpfe verbessert oder vermehrt worden. Die Unterschlüpfe boten bestenfalls Deckung gegen das Wetter und Fliegersicht, aber nicht gegen feindliche Waffenwirkung. Die Gräben boten weder Sitzgelegenheit noch ausreichend Platz zum Schlafen.[100]

Jünger fasste seinen ersten Eindruck der Stellung in seinem Tagebuch mit deutlichen Worten zusammen:

> *Die Stellung ist ziemlich beschissen. Vorn hausen die Leute zu 2 und 2 in Fuchslöchern, der Graben besitzt weder Tiefe noch Hindernis noch Stollen. Ich wohne hinter dem Abschnitt einer anderen Kompanie, mit dem Kompanieführer der Reservekompanie und unseren beiderseitigen Ordonnanzen zusammen.*
> *Am frühen Morgen wurden schon 2 meiner Essenträger durch Schrapnell verwundet, einer am Arm, einer an der Brust.*
> *Gleich darauf meldet sich der Füs. [Füsilier] Ahrens ab, der im Graben einen Schrapnell-Prellschuß an die Schulter bekommen hat.*
> *Die Art-[Artillerie-]Tätigkeit war ziemlich lebhaft, besonders die Mulde vor Pusieux [!] stand am Abend so stark unter Feuer, daß sie kaum mehr zu sehen war.*[101]

Neben diesem für den einzelnen Soldaten unzureichenden Ausbau der Grabenstücke in der Vorderen Linie erschien der Regimentsführung die Anlage der gesamten Verteidigungsstellung dringend verbesserungswürdig. »Dem Grabensystem fehlte die nötige Tiefenstaffelung, auch schien man die Flankierungs- und Umgehungsgefahr am linken Flügel kaum bedacht zu haben.«[102] Deshalb wurde neben der Verbesserung der Gräben in der vorderen Stellung ein weiterer Graben in 300 bis 400 Meter Entfernung hinter der Vorderen Linie als sogenannte Hauptwiderstandslinie ausgehoben. Eine weitere Auffangstellung wurde zwischen der Hauptwiderstandslinie und der Ortschaft Puisieux-au-Mont als sogenannte Artillerie-Schutzstellung angelegt. Ein Laufgraben, der »Puisieux-Weg«,

---

100 Voigt, Regimentsgeschichte, Seite 674.
101 Jünger, Kriegstagebuch, Seite 400, 7. Juni 1918.
102 Voigt, Regimentsgeschichte, Seite 676.

diente als Verbindungs- und Annäherungsweg zwischen den Stellungen (siehe Karte 1).

Man darf bei diesen Ausbau- und Verstärkungstätigkeiten nicht vergessen, dass dies unmittelbar vor der feindlichen Stellung zu erfolgen hatte. In den Worten eines Vizefeldwebels: »Leider ließ die andauernde Gefechtstätigkeit nur wenig Zeit zum sorgsamen Ausbau der Stellung, aber auch die Personalsituation ließ einen weiteren Ausbau nicht zu. Stollen durften unserer geringen Kampfstärke wegen nicht angelegt werden, die Gefahr des Überraschtwerdens im Falle eines feindlichen Angriffs war hier übergroß.«[103] Tief in die Erde getriebene Stollen hätten einem Teil der Mannschaft Schutz und Deckung gegen Artilleriefeuer geboten, während nur ein kleiner Teil der Soldaten als Wache im Graben gestanden hätte. Doch das Anlegen von Stollen hätte Personal gebunden, das dann nicht am Feind gestanden hätte. Möglicherweise waren die andauernde Bedrohung und die Gefechtstätigkeit (ebenso wie eine geringe Personalstärke) auch der Grund, weshalb das vorher in diesem Abschnitt in Stellung liegende Regiment kein brauchbares Stellungssystem anlegen konnte.

Eine Übersicht über das Stellungssystem des Füsilierregiments 73 vor dem Wäldchen 125 gibt Karte 1. Dort sind neben den angesprochenen Grabenabschnitten auch die jeweiligen Stellungsbereiche für die vorn eingesetzten Kompanien (A bis D) sowie die Gefechtsstände der jeweiligen Kompanieführer (KF) eingezeichnet. Jüngers 7. Kompanie war im Abschnitt A eingesetzt und bildete damit »den rechten Flügel der Regimentsstellung. Vor ihm erstreckt sich ein leicht ansteigendes Gelände, von dem sich die hellbraunen Erdaufwürfe englischer Gräben nur matt abzeichnen, bis zu einem umfangreichen Waldgebiet. Rechts ist er durch ein unbewohntes Grabenstück mit dem rechten Nachbarregiment [dem Infanterieregiment (IR) 76] verbunden, links geht er in den nächsten Kompagnieabschnitt [B] des Bataillons über.«[104]

Ernst Jünger verließ den von seinem Vorgänger übernommenen Unterstand des Kompanieführers, weil dieser hinter einer anderen Kompanie lag:

---

103 Voigt, Regimentsgeschichte, Seite 674, zitiert einen Vizefeldwebel Greite, der aus Sicht seiner 5. Kompanie den notwendigen Ausbau der Stellung kommentiert.

104 Jünger, Wäldchen 125, Seite 150.

Da mir die Entfernung meines Unterstandes vom Graben für den Notfall zu weit erscheint, bin ich am Vormittag in ein unbewohntes Höhlchen dicht hinter dem vorderen Graben gezogen und wohne dort mit meinem Burschen zusammen wie ein Einsiedel im Grünen. Ich werde diese Art Laubhütte mit Gewehren und Handgranaten zur Verteidigung einrichten, es macht mir nur Bedenken, daß meine Unterkunft nur solange bombensicher ist, als kein Schuß drauf geht.[105]

An dieser Bemerkung Jüngers lässt sich ein gewisser Galgenhumor, aber auch die grundsätzliche Einstellung eines seit Jahren fronterfahrenen und einer ständigen Artilleriebedrohung ausgesetzten Offiziers ablesen: Er legte mehr Wert auf die unmittelbare Nähe zu seinem eigenen Frontabschnitt und damit auf die unmittelbare Führung seiner Soldaten als auf einen halbwegs geschützten Unterstand.

b. Grabenroutine

Während eines Einsatzes ›an der Front‹ wurden die Soldaten nicht durchgängig, sondern nur mit Unterbrechungen in der Vorderen Linie eingesetzt. Es ist dieser »zermürbende Wechsel von Einsatz, Reservestellung und Ruhe«,[106] der den Alltag der meisten Soldaten während des Krieges kennzeichnete.

Das Füsilierregiment 73 mit seinen drei Bataillonen folgte laut Regimentsgeschichte in dem neuen Frontabschnitt am Wäldchen 125 routinemäßig folgendem eigenen Rotationsrhythmus: Ein Bataillon lag mit seinen Kompanien für zwölf Tage in der Vorderen Linie in Schützengräben »am Feind« und war damit der eigentliche Träger des Kampfes. Ein weiteres Bataillon lag für sechs Tage etwa zwei bis drei Kilometer hinter den vorderen Stellungen in Bereitschaft in der Artillerie-Schutzstellung vor der Ortschaft Puisieux-au-Mont, und das dritte Bataillon lag für sechs Tage

105 Jünger, Kriegstagebuch, Seite 401, 8. Juni 1918.

106 Leonhard, Büchse der Pandora, Seite 337. – So wurde etwa ein durchschnittliches britisches Bataillon im Laufe des Krieges 42 Prozent der Zeit direkt an der Front eingesetzt, 38 Prozent als Reserve in frontnahem Gebiet und 20 Prozent in Ruhestellungen gehalten. Französische Einheiten waren im Jahr 1915 etwa 100 Tage an Offensiven an der Westfront beteiligt.

etwa sieben Kilometer von der Vorderen Linie entfernt in der sogenannten Ruhestellung am Bahndamm bei Achiet-le-Grand.[107] »Wenigstens wird allgemein Bahndamm gesagt, eigentlich ist es ein tiefer Einschnitt, der das wellige und tiefe Gelände durchschneidet. Seine Hänge sind mit Buschwerk bewachsen, in den seitwärts gelegenen sind große und geräumige Wohnstollen getrieben.«[108] Hier war die Ruhestellung der direkten Bedrohung durch feindliche Artillerie entzogen.

Über die ersten Tage im neuen Frontabschnitt hat Jünger nur wenige knappe Notizen in sein Tagebuch eingetragen. Ob das am eher ereignislosen Ausbau der Stellungen lag oder andere Gründe hatte, ist nicht zu ermitteln. Er hielt mit seiner Kompanie die Stellung A an der rechten Seite in einem weniger gefährdeten Abschnitt der Vorderen Linie, ließ die Stellung ausbauen und folgte seiner eigenen, persönlichen »Grabenroutine«, die er sich in vier Kriegsjahren zugelegt hatte. So notierte er am 9. Juni 1918:

Die gestrige Nacht war ziemlich lebhaft. Gegen Abend setzte es wütende Feuerüberfälle auf Nachbarabschnitte und Hintergelände. Dann kam eine Meldung durch, daß der Tommy laut abgefangenem Funkspruch 3$^{\underline{00}}$ [Uhr] angreifen wollte. Die Sache erwies sich als Fehlanzeige.
Gegen Mittag legte ich mich in den Graben nahe meiner Einsiedelei und nahm ein Sonnenbad.[109]

Zwei Tage später stellte er fest:

Die Artl.-Tätigkeit hat gestern und heute erheblich nachgelassen. Die neuen Leute der Komp. sind noch wenig kampfgeschult. Ich ging gestern im Zwielicht aus dem Graben, um eine Stelle zum Drahtziehen zu erkunden. Sprenger[110] *erzählte mir nachher, daß er einen noch grade verhindert hätte zu schießen.*[111]

Am 14. Juni 1918, nach insgesamt sieben Tagen in Vorderer Linie, wurde das II. Bataillon und damit Jüngers 7. Kompanie abweichend vom

---

107 Voigt, Regimentsgeschichte, Seite 677.
108 Jünger, Wäldchen 125, Seite 199.
109 Jünger, Kriegstagebuch, Seite 401, 9. Juni 1918.
110 Leutnant der Reserve Sprenger war Zugführer in Jüngers 7. Kompanie des Füsilierregiments 73.
111 Jünger, Kriegstagebuch, Seite 401, 11. Juni 1918.

ursprünglich vorgesehenen Rotationsrhythmus in die Ruhestellung bei Achiet-le-Grand verlegt.

> *Um 2^{00} [Uhr] morgens löste mich Kius*[112] *mit der 2. Komp. ab. Ich zog ziemlich wenig beschossen zum Bahndamm nach Achiet-le-Grand, wo unser Batl. [Bataillon] im Quartier liegt.*
> *Um 12^{00} [Uhr] bekamen wir schon zur Begrüßung einige eklige Flachbahnkracher in die Nähe unserer im Grünen gelegenen Baracken. Als ich in einen benachbarten Stollen eilte, in dem eine mehr oder minder bekleidete Gesellschaft zusammen saß, teilte Hptm. [Hauptmann] v. Weihe*[113] *mir mit, daß mein Patent (November 14) herausgekommen wäre.*
> *Am Nachmittag bekamen wir noch 3–4 mal plötzlichen Beschuß, einige Blindgänger schlugen in die innere Böschung des Bahndammes.*[114]

Diese Tagebuchnotiz ist aus mehreren Gründen interessant. Zum einen wird wieder der Gegensatz zwischen den Kämpfern in der Vorderen Linie und den Soldaten in einer Ruhestellung erwähnt: Während Jünger, wohl gerade aus dem Graben kommend, einen Stollen zum Schutz vor einem Artillerieüberfall suchte, fand er dort eine »mehr oder minder bekleidete Gesellschaft« vor, d. h. Soldaten – vielleicht auch Vorgesetzte wie sein Bataillonsführer – in unvollständiger Uniform oder mit nicht vollzähliger Ausrüstung. Dies deutet auf eine weniger streng beachtete Disziplin in der Ruhestellung hin. Immerhin war dies Jünger eine süffisante Bemerkung wert. Der andere bemerkenswerte Aspekt in diesem Tagebucheintrag ist die fast beiläufige Erwähnung seines Offizierspatents: Mit dem »Patent (November 1914)« ist wohl Ernst Jüngers Ernennung zum Offizier im November 1915, nicht 1914, gemeint. Durch das Patent wurde die Einordnung in das sogenannte Dienstrangalter geregelt, das für weitere Beförderungen maßgeblich war.[115]

---

112 Leutnant der Reserve Kius war Führer der 2. Kompanie des Füsilierregiments 73.

113 Jünger meint wohl Hauptmann von Weyhe, den ehemaligen Regimentsadjutanten des Füsilierregiments 73, der später Führer des II. Bataillons und damit Jüngers unmittelbarer Vorgesetzter war. Vgl. Stellenbesetzung des Füsilierregiments am 21. März 1918, in: Voigt, Regimentsgeschichte, Seite 916.

114 Jünger, Kriegstagebuch, Seite 402, 14. Juni 1918.

115 So Kiesel, in: Jünger, Kriegstagebuch, Seite 582.

Am folgenden Tag musste Jüngers 7. Kompanie aus der Ruhestellung jedoch wieder nach Puisieux verlegen:

> *Ich zog heut Morgen mit meiner Kompanie nach Puisieux-au-Mont, wo wir dem KTK [Kampftruppenkommandeur] und BTK [Bereitschaftstruppenkommandeur] als Materialträger zur Verfügung stehen, während die 3 anderen Kompanien noch am Bahndamm sich der Ruhe erfreuen dürfen.*
> *Wir bezogen die Stollen, die am Ausgange [von Puisieux-au-Mont nach Norden in Richtung] nach Bucquoy liegen. Grade als wir ankamen, haute natürlich eine Gruppe schwerer Granaten in die Nähe.*
> *Ich ließ mich dadurch nicht abhalten, mich nachdem ich übernommen hatte, oben in eine kleine Laube zu setzen zu frühstücken und Zeitung zu lesen. Kaum saß ich, als wieder eine Gruppe [Granaten] herangebraust kam. Ein Ding davon krepierte auf der Straße und traf den Sanitäter Kenziora von meiner Komp. Ein Splitter durchschlug ihm die rechte untere Seite, einer ging in den Rücken. Er wurde in einen Stolleneingang geschleppt und verbunden. Ich ging gleich hin und wollte ihn trösten, er sagte jedoch mit Bestimmtheit: »Der Schuß ist tödlich, das fühle ich ganz genau.« Ich ging mit zum Verbandsplatz, wo Köppen[116] ihn verband und ihm Tetanus und Morphium gab. Köppen meinte auch, daß die Sache sehr bedenklich sei, Darmverletzung, nachdem der Mann grade gegessen hatte.*
> *Als er weggetragen wurde, sagte er noch »Lassen Sie's sich gut gehen, Herr Leutnant.« Solcher Ausspruch aus dem Munde eines Schwerverwundeten ist jedenfalls kein schlechtes Zeichen für einen Offizier.*[117]

Aus dieser Eintragung im Tagebuch wird deutlich, dass der routinemäßige Wechsel der Bataillone zwischen dem Einsatz in der Vorderen Linie, der Bereitschaft und den Ruhephasen flexibel gehandhabt wurde: Jüngers Kompanie wurde aus der Ruhestellung in Achiet-le-Grand nach

---

116 Dr. Köppen, ein Sanitätsoffizier, über den Jünger später schreiben sollte: »Der Doktor Köppen, ein richtiger alter Truppenarzt, der auch mich schon verschiedentlich unter den Fingern hatte.« – Jünger, In Stahlgewittern, Seite 583.

117 Jünger, Kriegstagebuch, Seite 403 f., 18. Juni 1918.

vorne in die Ortschaft Puisieux zum Arbeitseinsatz als »Materialträger« verlegt, während die restlichen drei Kompanien des Bataillons weiterhin in der Ruhestellung am Bahndamm von Achiet-le-Grand verblieben. Vorne in Puisieux waren Jünger und seine Soldaten aber wieder dem feindlichen Artilleriebeschuss ausgesetzt. Einerseits beschreibt sich Jünger hier als abgebrühten Frontoffizier, der sich von ein paar feindlichen Granaten nicht davon abhalten ließ, in einer Laube zunächst zu frühstücken und Zeitung zu lesen. Andererseits schildert er ausführlich die Situation um die Verwundung seines Sanitäters Kenziora, eine Geschichte, die Jünger in seine späteren Veröffentlichungen aufnahm und die er dabei weiterentwickeln sollte, wie noch zu zeigen sein wird.

Während dieser Zeiten in der Ruhephase nutzte Jünger immer wieder die Gelegenheit für kleinere Erkundungen in die nähere Umgebung. So beschrieb er am folgenden Tag seine Besichtigung des zerstörten Städtchens Puisieux-au-Mont:

> *Am Vormittag regnete es, am Nachmittag besichtigte ich, ehe ich zu Köppen in den San.-[Sanitäts-]Unterstand zum Skatspiel ging, das Dorf. Puisieux ist in der ersten Sommeschlacht bösartig zerschossen, von den Mauern sind nur noch minimale Reste vorhanden, die sich in der Zwischenzeit, ebenso wie die vielen Trichter, mit dichtem Grün überzogen haben. Besonders typisch für die französischen Ruinendörfer ist der schnell wiederaufschießender Hollunder mit seinen weißen Dolden.*
> *Zwischen diesen alten Spuren der Verwüstung zeigen sich die neuen Geschoßeinschläge und die Spuren des zum Stillstand gekommenen Vormarsches wie halb eingegrabene Pferde, zerschossene Wagen, abgeworfene Munition und verstreute Nahkampfmittel. Die auf dem höchsten Punkte gelegene Kirche besteht nur noch aus einem wirren Steinhaufen, in dessen Besichtigung ich von einigen dicken Granaten unsanft und eilig unterbrochen wurde.*[118]

Der Einsatzroutine des Regiments folgend, wurde Jünger im Rahmen des II. Bataillons nach einer Woche »Ruhe« als Bereitschaftstruppe in der sogenannten Artillerie-Schutzstellung eingesetzt:

---

118 Jünger, Kriegstagebuch, Seite 404, 19. Juni 1918.

Gestern Nacht [am 20. Juni 1918] lösten wir die 9. Komp. ab und liegen jetzt in dem Bereitschaftsabschnitt E, der sich ca. 800m vor dem Rande von Puisieux hinzieht. Heut morgen wurde die Umgebung des Sanitätsstollens beschossen und dabei 3 Leute von mir verwundet.[119]

Ob die englischen Truppen mit ihrer überaus regen Feuertätigkeit eine eigene Angriffsabsicht verfolgt oder ob lediglich von anderen Frontabschnitten abgelenkt werden sollte, erschloss sich den deutschen Soldaten in der Stellung nicht.[120]

Auch der 27. Juni »war ein ziemlich lebhafter Tag. Schon vom Vormittag an wurde lebhaft auf das Wäldchen 125, in dem die 9. und 10. Komp. [Kompanie] lagen, geschossen.«[121] Die Regimentsgeschichte nutzte für das gegnerische Artilleriefeuer an diesem Tag den bildhaften Vergleich: »Das Wäldchen 125 verschwindet in einer Qualm- und Schuttwolke wie im aufbrechenden Krater eines Vulkans.«[122] Über die mit dem massiven Beschuss und den dabei freigesetzten Gasen verbundenen Folgen für die in den Stellungen im Wäldchen eingesetzten Soldaten berichtet Jünger:

Als ich nachmittags zur Übernahme im Abschnitt A lag, kam ein Mann herbeigelaufen, der sagte: »Die ganze 10. Komp. hat Kohlenoxydvergiftung.« Man kennt ja derartige Alarmmeldungen im Kriege, jedoch schien die Sache ernst zu sein. Am Nachmittag kamen wirklich ab und zu gänzlich abgekämpfte Gestalten vorbei, Sanitäter mit Sauerstoffapparaten wurden ins Wäldchen geschickt. Da am Morgen schon Gipkens[123] *leicht verschüttet worden war und die B, C und D-Komp. [Kompanien, die in den Stellungsabschnitten der vordersten Linie lagen] überhaupt im Verhältnis zur Gefechtsstärke große Verluste hatten, bekam Lindenberg*[124] *Befehl, mit seiner Komp. das Wäldchen zu besetzen, er kam jedoch zurück und meldete ein Durchkommen sei ausgeschlossen.*[125]

---

119 Jünger, Kriegstagebuch, Seite 405, 21. Juni 1918.
120 So auch Voigt, Regimentsgeschichte, Seite 673.
121 Jünger, Kriegstagebuch, Seite 406, 28. Juni 1918.
122 Voigt, Regimentsgeschichte, Seite 680.
123 Leutnant der Reserve Gustav Gipkens, Führer der 9. Kompanie im Füsilierregiment 73, gefallen am 2. September 1918 bei Cagnicourt.
124 Leutnant der Reserve Bruno Lindenberg, Führer der 5. Kompanie im Füsilierregiment 73, gefallen am 24. Oktober 1918 bei Artres.
125 Jünger, Kriegstagebuch, Seite 406, 28. Juni 1918.

Der Leser möge sich an diese Schilderung erinnern und für sich festhalten, dass Jünger aus seiner Stellung im Abschnitt A lediglich beobachtete, dass »gänzlich abgekämpfte Gestalten« vorbeikamen und Sanitäter mit Sauerstoffgeräten ins Wäldchen geschickt wurden. In seinen späteren Veröffentlichungen wird er diesen Vorkommnissen einen anderen Dreh geben …

Weiter schrieb Jünger an diesem Tag in sein Tagebuch:

> *Da die Feuerüberfälle gegen Abend immer gemeiner wurden, bekamen die Komp. Befehl, die beabsichtigte Ablösung [der in den vorderen Stellungen eingesetzten Kompanien] nicht auszuführen, sondern sich zum evtl. Gegenstoß bereit zu halten. Es wurde Alles fertig gemacht, jedoch die Nacht verstrich ohne Zwischenfall, abgesehen von einem starken Feuerüberfall auf Wäldchen 125 und die Mulde. Die Komp. haben starke Verluste gehabt, Vorbeck*[126] *hat 40 Mann verloren, soviel könnte ich ja auf keinen Fall verlieren, weil ich gar nicht soviel habe.*
> *Heut Vormittag wurde mein Führer der Essenholergruppe, Sgt. [Sergeant] Gruner verwundet, er ist mein 9. Verwundeter in dieser Stellung.*[127]

An diesem Tagebucheintrag wird die aktuelle personelle Stärke von Jüngers Kompanie Ende Juni 1918 deutlich: Ursprünglich in voller Kampfstärke bis zu 150 Mann stark, berichtete Jünger, dass er keine 40 Mann mehr zu seiner Kompanie zählen konnte. Das verdeutlicht die enormen personellen Verluste und den in der Schlussphase des Ersten Weltkriegs fehlenden Personalersatz für das Füsilierregiment 73. Trotz dieser sehr geringen Mannschaftsstärke war Jüngers Kompanie – dem Rotationsrhythmus des Regiments folgend – ab 28. Juni 1918 für den etwa einwöchigen Einsatz in der Vorderen Linie vorgesehen.

Doch zunächst einige Bemerkungen zur allgemeinen Bedrohungslage, der sich die Infanteriesoldaten im Ersten Weltkrieg, insbesondere an der Westfront, ausgesetzt sahen.

---

126 Leutnant der Reserve Fritz Vorbeck, Führer der 10. Kompanie im Füsilierregiment 73, der am 24. Juli 1918 bei den Kämpfen um das Wäldchen 125 in der Hauptwiderstandslinie fallen sollte.

127 Jünger, Kriegstagebuch, Seite 406, 28. Juni 1918.

c. Bedrohungslage

Die enorm gesteigerte Feuerkraft der modernen Waffensysteme im Ersten Weltkrieg, der Gewehre, aber insbesondere der Maschinengewehre und Artillerie, brachte den anfänglichen Bewegungskrieg an der Westfront schon im September 1914 zum Erliegen und leitete in den Stellungskrieg über. Damit rückte für die meisten Soldaten das herkömmliche Bild des Soldatentums mit persönlicher Tapferkeit und individueller Leistung in den Hintergrund.

Die Soldaten wurden weitgehend »reduziert auf den täglichen Kampf gegen Kälte, Schlamm und Nässe, gegen Krankheiten aller Art und auf das passive Erleiden von Artilleriebeschuss, ohne etwas dagegen tun zu können, als sich immer tiefer einzugraben und die eigenen Stellungen möglichst beschusssicher auszubauen«.[128]

Während des Ersten Weltkriegs waren »im deutschen Militär nur 16 Prozent Verwundungsopfer von Infanteriemunition. Noch geringer war die Zahl von Opfern durch Handgranaten (ein bis zwei Prozent) und Giftgas (1,7 Prozent). [...] Nur 0,1 Prozent aller Wunden gingen auf den Einsatz von Säbeln, Messern oder Bajonetten zurück.«[129] Damit waren über 80 Prozent der deutschen Verwundungen auf die Wirkung der Artillerie zurückzuführen. Etwa 58 Prozent aller gefallenen Soldaten des Weltkriegs kamen durch Artilleriegranaten ums Leben.[130] Damit ging die größte Gefahr, in den Grabensystemen der Westfront getötet oder verwundet zu werden, eindeutig von Artilleriegeschossen aus. Hier an diesem Kriegsschauplatz wurde jede größere Offensive auf beiden Seiten mit einer bis dahin nicht bekannten Konzentration von Artilleriegeschützen und einem damit verbundenen tagelangen Trommelfeuer vorbereitet. Im Verlauf des Krieges ging man dann dazu über, Angriffe und Gegenangriffe nur noch zeitlich auf wenige Stunden begrenzt mit Artillerie vorzubereiten. Doch war die Gefahr in Reichweite der feindlichen Artillerie buchstäblich allgegenwärtig und dauerhaft: »Der Beschuss konnte jederzeit erfolgen, und er konnte jeden verletzen

128 Mommsen, Kriegsalltag, Seite 128.
129 Zahlen nach: Leonhard, Büchse der Pandora, Seite 338 f.
130 Stevenson, Der Erste Weltkrieg, Seite 226.

oder töten. Die Macht des Zufalls, die darüber entschied, ob man den Krieg überlebte oder nicht, wurde zu einem Leitmotiv der soldatischen Fronterfahrung.«[131] Jörn Leonhard stellte richtigerweise fest, dass »aus dieser Todesnähe, aus der Kontingenz der Gefahr, […] eine permanente Stresssituation und eine enorme psychische Belastung der Soldaten [resultierte]. Die Todeszone der Front […] war das gesamte Gebiet, auf das artilleristische Distanzwaffen jederzeit einwirken konnten. Nur wer sich aus diesem Bereich herausbewegte, durfte sich sicher fühlen.«[132] Die Regimentsgeschichte des Füsilierregiments hielt im Kapitel über das Wäldchen 125 fest: »Die Kampfesweise des Feindes ist hier charakteristisch durch andauerndes schweres Artilleriefeuer auf das Hintergelände und die Annäherungswege, durch fest zusammengefasste Feuerüberfälle mittlerer und leichter Kaliber auf einzelne Frontteile.«[133]

Auch Ernst Jüngers Tagebuchaufzeichnungen vor dem Wäldchen 125 begannen häufig mit lapidaren Feststellungen wie: »Es war ziemlich lebhafter Feuerbetrieb …«, »Die gestrige Nacht war sehr unruhig. Der Tommy machte mit ziemlich gemischten Kalibern ein durch Pausen unterbrochenes Scharfschießen in die Nähe meines Unterstandes, der nicht gerade der bombensicherste ist. Die Sache dauerte von 2^{00} bis 6^{00} [Uhr]. Auch sonst scheint es ziemlich geschossen zu haben, denn es wurden am Morgen von vorn einige Verwundete zurückgeschafft.«, »Am Nachmittag wie gewöhnlich schwerer Beschuß von Puisieux und der rückwärtigen Mulden.«[134] Jünger vermerkte zudem häufig die konkreten Gefahren, denen seine im Tagebuch meist namentlich genannten Soldaten durch Artillerie ausgesetzt waren: »Am Morgen wurde einer der alten Leute der Komp. Gefr. [Gefreiter] Schulte beim Essenholen durch Granatsplitter schwer verwundet.«[135] Und an anderer Stelle:

> *Am Nachmittag lag unsere Umgegend unter mittlerem Brisanzbeschuß. Ein Splitter einer c. 400 m entfernt einschlagenden Granate zerriß einem meiner Leute seinen Mantel, den er vor meinem*

131 Leonhard, Büchse der Pandora, Seite 328.
132 Ebenda, Seite 329.
133 Voigt, Regimentsgeschichte, Seite 672.
134 Jünger, Kriegstagebuch, Seiten 400, 405 und 406 f.; 6. Juni 1918, 25. Juni 1918 und 29. Juni 1918.
135 Ebenda, Seite 407, 8. Juli 1918.

Heldenkeller [also Ernst Jüngers Unterstand] in die Sonne gelegt hatte.[136]

Eine Reaktion auf die ständige, extreme Bedrohung durch die feindliche Artillerie war das bereits angesprochene Anlegen von immer tieferen und immer tiefer gestaffelten Grabensystemen. Doch in diesen Schützengräben herrschte ein Gefühl des passiven Aushaltenmüssens, des Ausgeliefertseins und einer unbestimmten Ohnmacht gegenüber den feindlichen Granatenhageln. Eine gewisse Erleichterung ergab sich erst ab dem Jahr 1917, als eine eher elastisch geführte Verteidigung das zeitweise Aufgeben der vorderen Gräben erlaubte und sich die Soldaten dadurch dem feindlichen Artilleriefeuer für kurze Zeit entziehen konnten. Diese gewollte Flexibilität spiegelte sich auch in der deutschen Nutzung der unterschiedlichen Grabenabschnitte vor dem Wäldchen 125 wider.

Doch in den Grabensystemen war die ständige Bedrohung auch durch Infanteriemunition allgegenwärtig. So entging Jünger am 24. Juli bei der Einweisung in einen neuen Abschnitt des Grabensystems vor dem Wäldchen 125 nur durch die Aufmerksamkeit und rasche Reaktion eines Offizierkameraden dem sicheren Tod. Er vermerkte später in seinem Tagebuch:

> *Am Nachmittag ging ich in den Abschnitt C [der sich zu diesem Zeitpunkt bereits in der Hauptwiderstandslinie etwa 200 m südlich der Südspitze des Wäldchens 125 befand – vergleiche Karte 3], den ich morgen Nacht übernehmen soll, und ließ mich von Gipkens zu der Barrickade [sic] südlich Rotpunkt* t_1[137] *führen, die die gefährlichste Stelle dieses Abschnittes ist. An der Barrickade war ein Stollenausgang, in dem ein Mann mit eingerichtetem Gewehr stand. 50m weiter vorn saß der Tommy. Gipkens wollte mir den Standort des englischen Postens zeigen und ich setzte mich neben ihn in den Graben. Plötzlich riß Gipkens mich zur Seite und schrie »da kommt ein Gewehr hoch.« Ich wälzte mich herum, gleich darauf schoß unser Posten. Anschließend flog ein halbes Dutzend engl.*

136 Jünger, Kriegstagebuch, Seite 408, 19. Juli 1918.

137 Es handelte sich um eben diesen Rotpunkt t_1 im Tagebuch, nicht um einen Rotpunkt A_1, wie er in der Ausgabe der Kriegstagebücher auf Seite 413 angegeben ist. Ich erkenne hier einen Übertragungsfehler aus der handschriftlichen Tagebuchnotiz, bei der ein kleines »t« mit einem großen »A« verwechselt wurde.

[englischer] Gewehrgranaten herüber. Hätte Gipkens nicht so scharf beobachtet, wäre ich wohl ein Kind des Todes gewesen, denn auf die paar Meter hätte mich jeder Esel treffen müssen. An demselben Fleck sind schon 3 Leute der 9. durch Kopfschuss gefallen, wie mir Gipkens nachher erzählte.[138]

Rotpunkte waren eigens festgelegte Geländepunkte, meist Wegekreuzungen oder markante Punkte im Stellungssystem, die in militärische Handkarten mit einem rot eingezeichneten Kleinbuchstaben eingetragen wurden, um eine einheitliche Absprache etwa bei der Befehlsausgabe zu erleichtern, aber auch um dem Gegner keinen Anhalt für eine Ortsangabe in einem abgefangenen Befehl zu geben. Rotpunkte wurden in einem örtlichen Zusammenhang, z. B. bei einem durchgehenden Graben, mit tief gestellten Zahlen fortgeschrieben. So wurden ausweislich der Handkarte Jüngers die Geländepunkte im Stellungssystem des Wäldchens 125 mit den Rotpunkten o, o_1, o_2 und o_3 versehen (vgl. Abbildung 3). Etwa 100 und 200 Meter südlich des Wäldchens befanden sich die Rotpunkte t_2 und t_1.

Durch die Entwicklung von gepanzerten Fahrzeugen sollte die in den Grabensystemen festgefahrene Westfront überwunden werden. Schon seit 1915 begann man auf französischer und britischer Seite mit der Entwicklung von Panzern, die Mobilität mit Bewaffnung und Panzerschutz verbinden konnten.[139] Für diese Fahrzeuge wurde der britische Tarnname ›tank‹ gebräuchlich, weil die Fahrzeugumrisse an einen damaligen Wassertank erinnerten. Am 15. September 1916 setzten die Briten in der Somme-Offensive erstmals die neue Waffe ein, allerdings mit mäßigem Erfolg: Von den 49 nach Frankreich transportierten Tanks erreichten 13 nicht einmal die Ausgangsstellung,[140] nur neun konnten das Niemands-

138 Jünger, Kriegstagebuch, Seite 413, 24. Juli 1918.

139 In der Literatur werden sich widersprechende Daten genannt: So schreibt Stevenson, Der Erste Weltkrieg, Seite 231, dass der französische Oberst Estienne bereits 1915 die Genehmigung erhielt, mit der Waffenfabrik Schneider in Le Creusot zusammenzuarbeiten, während Leonhard, Büchse der Pandora, Seite 460, den französischen Beginn der forcierten Entwicklung von Panzerfahrzeugen erst auf »Mitte 1916« datiert. Aber dieser Widerspruch muss hier nicht aufgelöst werden. Auf die neueste Literatur sei verwiesen: Pöhlmann, Markus: Der Panzer und die Mechanisierung des Krieges. Eine deutsche Geschichte 1890 bis 1945, Paderborn (Schöningh) 2016.

140 Stevenson, Der Erste Weltkrieg, Seite 232.

Abbildung 3: Handkarte Ernst Jüngers vom Wäldchen 125 mit eingezeichneten »Rotpunkten« und einem Stellungsverlauf mit weit zurückgenommenen deutschen Stellungen (blaue Striche) Ende Juli 1918

land zwischen den Gräben überwinden.[141] Das hohe Gewicht, die zunächst zu schwache Motorisierung und die Möglichkeiten der Bekämpfung durch Artillerie und Infanterie zeigten anfangs die deutlichen Grenzen dieser neuen Waffe auf.[142]

Während der Kämpfe um das Wäldchen 125 im Juni und Juli 1918 kamen keine Tanks zum Einsatz und stellten damit für Ernst Jüngers Kompanie auch keine Gefährdung dar. Jedoch gab es in der Gegend einige liegen gebliebene britische Tanks aus vorangegangenen Gefechten. Jünger beurteilte die neuen Waffensysteme in einem Tagebucheintrag vom 17. Juni 1918 wie folgt:

> *Machte am Vormittag einen kleinen Spaziergang längs des Bahndammes, um einige dort stehende Tanks zu besehen. […]*
> *Die Tanks waren sehr interessant, es waren die ersten, die ich in voller Ruhe besehen konnte.*
> *Der eine, der den Namen ›Just-U-Wait‹ führte, stak halb in einem gewaltigem Granatloch, in dem er anscheinend stecken geblieben war, ich kroch durch die enge Geschützpforte hinein und bestaunte die gewaltige Maschinerie und die beiden schlanken Geschützrohre.*
> *An den Wänden waren Fächer für die Granaten mit Stahlspitze angebracht, auch lagen im Innern noch eine Menge Trommeln von Lewis-Gewehren.*
> *Der andere Tank zeigte folgende Kriegsbemalung: ›Judge Jeffreys‹.*[143]
> *Er war anscheinend etwas übler weggekommen, denn eine Granate hatte ihm die Flanke aufgerissen und sein eines Gleitband gelöst.*
> *Auch das Innere war übel zertrümmert.*
> *Alles in Allem machten mir die Dinger den Eindruck von äußerst ungemütlichen Aufenthaltsorten, die Insassen müssen wahrlich die Nerven der Männer im feurigen Ofen ihr eigen nennen.*[144]

---

141 Leonhard, Büchse der Pandora, Seite 460.

142 In der Schlacht von Cambrai im November 1917 konnte man dann aber schon deutlicher erkennen, welches Potenzial in dieser Waffe steckte. Für Jörn Leonhard beruhten die taktischen Erfolge der Alliierten bei deren späteren Offensiven bei Soissons und Amiens im Juli und August 1918 wesentlich auf dem Einsatz von Tanks. Vgl. Leonhard, Büchse der Pandora, Seite 461.

143 Im Kriegstagebuch hat Jünger an diesem Tag eine kleine Skizze des Galgens angefertigt, mit dem der Panzer offenbar bemalt war. – Jünger, Kriegstagebuch, Seite 403, 17. Juni 1918.

144 Jünger, Kriegstagebuch, Seite 402 f., 17. Juni 1918.

Auch der Einsatz von Flugzeugen und Beobachtungsballonen diente zunächst der unmittelbaren Unterstützung der Bodentruppen, wenn gegnerische Stellungen aufgeklärt wurden, Luftbilder gemacht oder das eigene Artilleriefeuer durch Luftbeobachtung wesentlich präziser eingesetzt werden konnte. Das galt natürlich für die alliierte wie die deutsche Seite gleichermaßen. Die Regimentsgeschichte vermerkt auf britischer Seite eine »überaus rege Kampf- und Aufklärungstätigkeit in der Luft, ausgeübt von starken Bombengeschwadern, Kampf- und Infanteriefliegern; zahlreiche Fesselballone sind teilweise so nahe an die Front gerückt, daß sie von unseren Batterien erreicht werden können.«[145] Weiterhin wurde aber auch festgestellt, dass sich das Kräfteverhältnis bei den Luftkampfmitteln zuungunsten der deutschen Seite entwickelt habe: »Stets tritt der Feind nur in großen Verbänden auf, auch mit seinen Kampfflugzeugen. Dazu scheint er ausgestattet zu sein mit einem neuen Flugzeugtyp, der auch unseren neuesten an Schnelligkeit und Steigvermögen übertrifft. [...] Nacht für Nacht wüten feindliche Bombengeschwader im rückwärtigen Gelände; aus großen Höhen bewerfen sie Ruheorte und Frontversorgungsstellen. Niedrigflieger schießen Magnesiafackeln ab, die, an einem Seidenballon schwebend, alles taghell erleuchten, so daß die Flieger mit M. G.-Feuer und Bomben marschierende Kolonnen auf deckungslosen Straßen Verluste zufügen können.«[146]

Für die Kämpfe um das Wäldchen 125 am Boden spielte die Luftwaffe nur eine geringe Rolle, auch weil die meisten Flugzeuge nur eine geringe Bombenlast tragen konnten.[147] Dennoch trugen gegnerische Flugzeuge zur allgemeinen Bedrohungslage bei, und auch Ernst Jünger schildert aus seiner Zeit am Wäldchen 125 die Gefahr, die von einem einzelnen Flugzeug ausgehen konnte:

---

145 Voigt, Regimentsgeschichte, Seite 672.

146 Ebenda, Seite 672 f.

147 Eine echte Fußnote: Leonhard, Büchse der Pandora, Seite 461 f., weist auf die besondere Rolle der Jagdflieger hin, die auch durch gezielte mediale Darstellung einen anderen Kampf repräsentierten als den anonymen, auf Distanz ausgelegten Krieg um die Grabensysteme: nämlich den des ritterlich kämpfenden, den Gegner achtenden und als Individuum dargestellten Helden im Gegensatz zum anonymen feldgrauen ›Arbeiter‹ des Schützengrabens. Diesem Bild verfing auch Ernst Jünger: Insgesamt dreimal bemühte er sich erfolglos um eine Versetzung zu den Jagdfliegern.

Gestern Abend [am 10. Juni 1918] soll die Regts-Kapelle von 76 [Infanterieregiment 76, dem rechten Stellungsnachbarn von Jüngers Füsilieren] am Bahndamme gespielt haben und durch eine Fliegerbombe fast völlig vernichtet worden sein.[148]

d. Aufklärung durch Patrouillen

Durch eingesetzte Patrouillen vor den Abschnitten der Vorderen Linie wurden die feindlichen Stellungen und Postierungen festgestellt. Diese Aktivitäten konnten wegen der Nähe der gegnerischen Stellungen nur nachts ausgeführt werden. Teilweise konnte durch diese Tätigkeit sogar festgestellt werden, wie stark die gegnerischen Posten besetzt waren und ob diese ständig oder nur zu gewissen Zeiten besetzt gehalten wurden. Günstige Zufälle oder Fehler des Gegners vervollständigten das Bild. So berichtet Voigt, dass sich »ein englischer Offizier, scheinbar in gänzlicher Unkenntnis über den Verlauf unserer Linie, mit einem Begleiter unserem Graben nähert. Die Posten werfen Handgranaten und können den Offizier leicht verwundet gefangen nehmen. Die 57. englische Division, 7 Kings Liverpool Regiment wird als Gegner festgestellt.«[149] Dieser englische Truppenteil wurde durch eine weitere Gefangennahme am 23. Juni 1918 bestätigt.[150] Dazu vermerkte Jünger in seinem Tagebuch:

Meine Ordonnanz erzählte mir, daß der stellvertretende Führer der 12, Ltn d. R. [Leutnant der Reserve] Böhringer gleichfalls einen Handstreich auf einen engl. Posten versucht haben soll und gegen Abend mit Brust- und Beinschuß nach unten getragen [worden] sein soll.

148 Jünger, Kriegstagebuch, Seite 401, 11. Juni 1918. – Bei diesem Fliegerangriff fielen aus der Zuhörerschaft auch 13 Soldaten des III. Bataillons aus dem Füsilierregiment 73, das zu der Zeit in Ruhestellung lag. Der Bataillonsführer des III. Bataillons, Hauptmann Freiherr von Ledebur und der Adjutant Leutnant Kluge sowie 27 Unteroffiziere und Mannschaften wurden dabei verwundet. – Voigt, Regimentsgeschichte, Seite 671.

149 Voigt, Regimentsgeschichte, Seite 679.

150 Jünger, Kriegstagebuch, Seite 405, 23. Juni 1918: »Eine Patr. [Patrouille] der 9/73 fing heute beim Wäldchen 125 bei hellem Tage einen Tommy, der höchst mißvergnügt aussah, als er bei uns vorbeigeführt wurde.«

Wie ich eben erfahre, ist es nicht Böhringer, sondern Vorbeck, Kasten und Reeg[151] *gewesen, die sich durchs Gras angeschlichen haben und 4 aufziehenden Engländern eine Handgranate an den Kopf geworfen haben, die leider nicht losging. Beim Zurücklaufen bekam Reeg einen Schuß, der den Arm durchschlug und eine Brustwarze wegriß, Kasten wurde von derselben Kugel die Uniform quer über der Brust zerrissen.*[152]

Mommsen charakterisierte solche »höchst gefahrvollen Vorstöße ins sogenannte ›Niemandsland‹« als eine Art »Erlösung von der zermürbenden alltäglichen Routine«, die »zuweilen als befreiende, das eigene Lebensgefühl steigernde Erfahrung empfunden wurden, weil man wenigstens für den Augenblick die eigene Todesfurcht überwunden hatte«.[153] Auf diese Weise entkamen die Soldaten in den ruhigeren Frontabschnitten zumindest für kurze Zeit ihrem gleichförmigen und eher passiven Dienst in den Gräben.

e. Weiterentwicklung der Taktik (Stoßtrupptaktik)

Während der gesamten Dauer des Ersten Weltkriegs wurden die im Gefecht gemachten Erfahrungen ausgewertet und für eine Weiterentwicklung der taktischen Verfahren zum Einsatz der Truppen an der Front genutzt. Dabei kam vor allem dem optimalen Zusammenwirken verschiedener Truppengattungen (hier insbesondere zwischen Infanterie und Artillerie), aber auch der Weiterentwicklung der Waffensysteme besondere Bedeutung zu. Auch der geforderte Übergang vom Stellungs- zum Bewegungskrieg an der Westfront sowie der Personalverluste reduzierende Einsatz in einer eher beweglichen Gefechtsführung spiegelten sich in weiterentwickelten Führungsvorschriften wider.

Wie Ralf Raths in seiner Untersuchung von Dienstvorschriften und Veröffentlichungen in der Militärpublizistik herausgearbeitet hat, handelte

151 Die Leutnants der Reserve Fritz Vorbeck, Kasten und Reeg der 10. Kompanie des Füsilierregiments 73. Vgl. Stellenbesetzungsliste des Füsilierregiments am 21. März 1918, in: Voigt, Regimentsgeschichte, Seite 916. Daher wähle ich hier auch den Namen Reeg und nicht Reep, wie in der gedruckten Ausgabe des Kriegstagebuchs auf Seite 405, 23. Juni 1918, verwendet.

152 Jünger, Kriegstagebuch, Seite 405, 23. Juni 1918.

153 Mommsen, Kriegsalltag, Seite 129.

es sich bei den taktischen Weiterentwicklungen um bereits vor Kriegsbeginn diskutierte und veröffentlichte Ansätze, die durch die Erfahrungen im Krieg bestätigt und dann folgerichtig in heereseinheitlichen Dienstvorschriften festgelegt wurden.[154]

Während der Kämpfe um das Wäldchen 125 im Sommer 1918 wurden die aktuell geltenden taktischen Grundsätze angewandt, die in der Vorschrift ›Die Grundsätze für die Führung der Abwehrschlacht im Stellungskriege‹ vom September 1917 festgelegt waren.[155] Das dort geforderte »elastische Verteidigungsverfahren«[156] entzog die bislang eher statisch in immer tiefer und tiefer gestaffelten Stellungssystemen eingesetzte Infanterie dynamisch dem feindlichen Artilleriefeuer, indem die eigenen Stellungen zeitlich befristet aufgegeben werden konnten. Durch dieses Verfahren sollten hohe personelle Verluste vermieden werden, die im vierten Kriegsjahr auf deutscher Seite nicht mehr ersetzt werden konnten.

Dies erforderte grundsätzlich eine beweglichere Gefechtsführung, in der beispielsweise ein sogenanntes ›Vorfeld‹ festgelegt wurde. Das Vorfeld war eine vor den Stellungen vorgelagerte Sicherheitszone, in der nur wenige Soldaten mit ihren Waffen den Gegner bekämpfen sollten, ohne sich an ihre Stellungen zu klammern, während der Großteil der eigenen Soldaten in ausgebauten Stellungssystemen weiter hinten der feindlichen Artilleriewirkung entzogen war. Auch in dieser beweglichen Gefechtsführung unter zeitweiser Aufgabe von Geländeteilen war es aber zwingend vorgesehen, dass örtliche Gegenstöße oder mit Reservekräften durchgeführte geplante Gegenangriffe das aufgegebene Gelände wieder in die eigene Hand brachten. So forderte die Vorschrift unmissverständlich, »daß bei Abschluß des Kampfes das gesamte Kampfgelände im Besitz des Verteidigers sein soll, [...]«.[157] Auch das Füsilierregiment 73 führte die Gefechte um das Wäldchen 125 mit angepassten, flexiblen Gefechtsgliederungen.

Jünger beschrieb den Zusammenhang der unterschiedlichen Stellungslinien später in seiner ›Chronik aus den Grabenkämpfen 1918‹ wie

154 Raths, Stoßtrupptaktik, Seite 211.
155 Stachelbeck, Effektivität, Seite 166 f.
156 Ebenda, Seite 166.
157 Vorschrift »Grundsätze für die Führung der Abwehrschlacht«, September 1917, Nr. 6; zitiert bei Stachelbeck, Effektivität, Seite 166.

folgt: »Das Rückgrat der Stellung liegt in der Hauptwiderstandslinie, die unbedingt gehalten werden soll. Davor erstreckt sich, überall gut einzusehen, das Vorfeld, dessen vorderer Rand durch unseren Graben begrenzt wird. Wir bilden also einen Teil der Vorfeldbesatzung, deren Verhalten je nach Stärke des feindlichen Angriffs verschieden ist. Bei schwächeren Vorstößen ist um den Graben zu kämpfen, bei einem Großangriff zieht sich die Besatzung, nachdem sie sich bis zum letzten Augenblick durch Feuer verteidigt hat, auf die Hauptwiderstandslinie zurück.«[158]

Seit dem 28. Juni 1918 wurde Jünger mit seiner Kompanie erneut in der Vorderen Linie eingesetzt:

> *Gestern Nacht lösten wir 12/73 [die 12. Kompanie des Füsilierregiments 73] im Abschnitt A ab.*
> *Am Nachmittag wie gewöhnlich schwerer Beschuss von Puisieux und der rückwärtigen Mulden.*
> *Die ganze Artl.-Tätigkeit des Engländers macht den Eindruck, als ob er die Aufstellung von Artillerie und Munitionsstapeln zum Überraschungsangriff verhindern will, seine Unruhe zeigt sich ja auch in den Fahrten seiner Flugzeuge, die die Straßen beleuchten.*[159]

Im deutschen Armeeoberkommando kam man aufgrund der Gesamtlage im Bereich des Füsilierregiments 73 zu der Einschätzung, dass der Gegner in diesem Frontabschnitt einen größeren Angriff plane. Das Füsilierregiment befahl daraufhin eine angepasste Gefechtsgliederung mit einer größeren Tiefenstaffelung.

In der Vorderen Linie wurden nur noch drei Kompanien in den Abschnitten A bis C eingesetzt, der Abschnitt D links des Wäldchens 125 wurde vorübergehend geräumt, in der Hauptwiderstandslinie wurden in den neu benannten Abschnitten D bis F ebenfalls nur noch drei Kompanien eingesetzt. Damit konnte die Artillerie-Schutzstellung mit den zwei vorn herausgenommenen Kompanien (in den neu benannten Abschnitten G und H) besetzt werden.[160] Diese neue Gefechtsgliederung (vgl. Karte 2) war bis zum 7. Juli einzunehmen. Ernst Jünger war mit seiner Kompanie von dieser neuen Gefechtsgliederung nicht betroffen. Er hielt in diesem

158 Jünger, Wäldchen 125, Seite 155.
159 Jünger, Kriegstagebuch, Seite 406, 29. Juni 1918.
160 Voigt, Regimentsgeschichte, Seite 681.

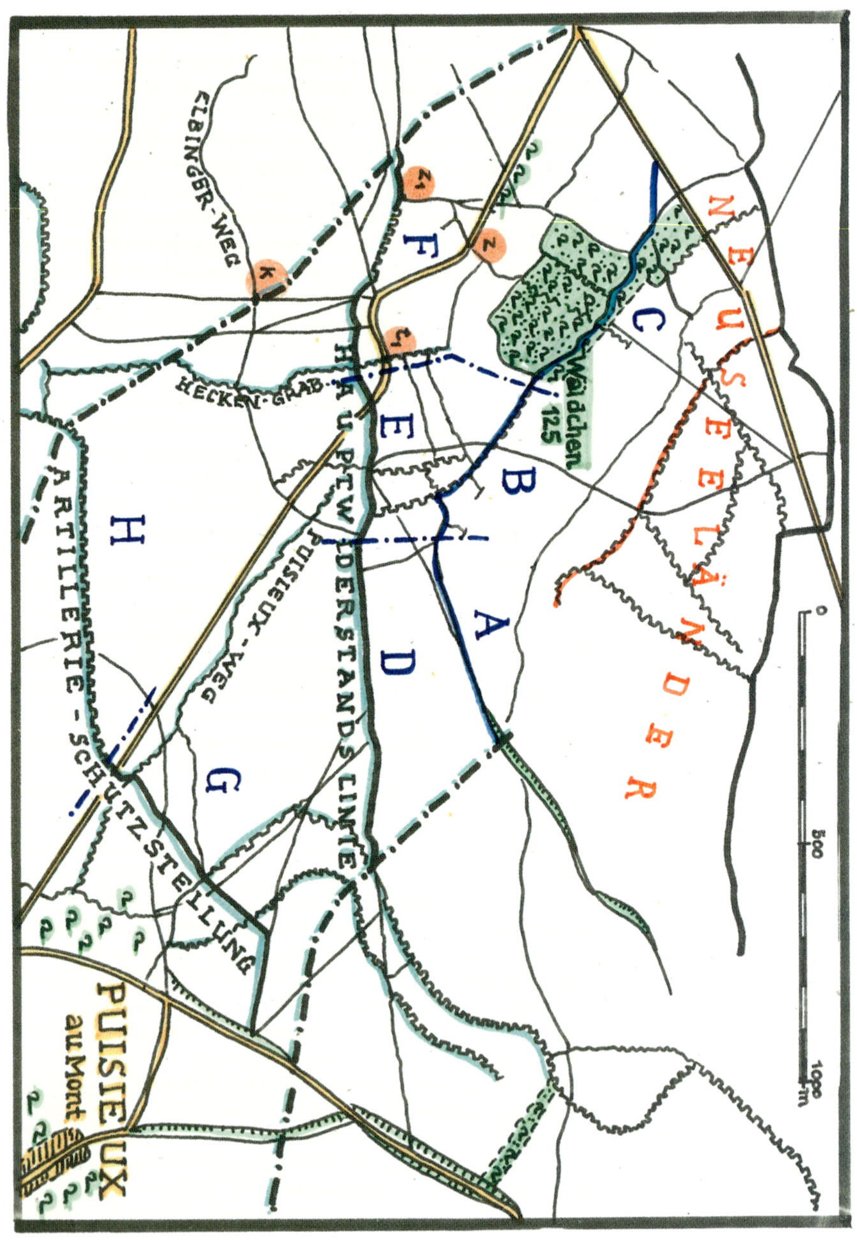

Karte 2: Stellungsverlauf am Wäldchen 125 am 7. Juli 1918

Zeitraum mit den Soldaten seiner Kompanie weiterhin den Abschnitt A. Die neuen Stellungsbereiche wurden in seinem Tagebuch nicht erwähnt.

Als Jünger nach erfolgter Ruhephase (während der er diesmal keine Tagebucheintragungen vornahm) mit seiner Kompanie am 18. Juli 1918 seinen neuen Abschnitt zugewiesen bekam, wunderte er sich:

> *Kamen nach 7tägiger Ruhe wieder in Bereitschaft. Wir haben jetzt eine ziemlich komplizierte Neugliederung mit Vorfeldzone u. s.w. bekommen, in Bereitschaft ist 7. Komp. Stoßkomp. [Stoßkompanie] und liegt hinter dem Wäldchen 125 in der 3. Linie.*[161]

Mit der dritten Linie, nach der Postenlinie des Vorfelds und der Hauptwiderstandslinie, ist wohl die Artillerie-Schutzstellung gemeint.

Grund war eine neuerliche geänderte Aufteilung der Kompanien in der Stellung. Die Regimentsgeschichte spricht beschönigend von »den im Abwehrkampf gewonnenen Erfahrungen«,[162] die dazu geführt haben, dass bereits zwischen dem 10. und 15. Juli 1918, also bereits wenige Tage nach der ersten Umgliederung, eine erneute Gefechtsaufstellung auf Grabenabschnitte in der Tiefe vorgenommen werden musste.

Es wurden jetzt vier Kompanien als sogenanntes Kampfbataillon in der Hauptwiderstandslinie (Abschnitte A bis D) und vier Kompanien in der Artillerie-Schutzstellung (in den Abschnitten E bis H) als Bereitschaftsbataillon eingesetzt (vgl. Karte 3).[163] Nicht explizit ausgesprochen wurde die Tatsache, dass damit die Stellungen in der bisherigen Vorderen Linie, auch im Wäldchen 125, endgültig aufgegeben wurden und das so gewonnene Vorfeld nur noch schwach besetzt war. Damit sollte ein gegnerischer Angriff zunächst ins Leere laufen, bevor er dann an der Hauptwiderstandslinie aufgefangen werden konnte.

Auf der alliierten Gegenseite wurden die vorn eingesetzten Truppenteile ebenfalls regelmäßig durch frisch herangeführte Kräfte in den Stellungen ausgetauscht. So löste am 9. Juli 1918 die 2. neuseeländische Infanteriebrigade die in Stellungen zwischen Bucquoy und Hébuterne

---

161 Jünger, Kriegstagebuch, Seite 408, 18. Juli 1918.
162 Voigt, Regimentsgeschichte, Seite 682.
163 Ebenda, Seite 682.

eingesetzte britische 1. Infanteriebrigade ab.[164] Erste Vorstöße der noch frischen alliierten Truppen zwischen dem 12. und 14. Juli 1918 wurden auch in der deutschen Regimentsgeschichte vermerkt: »Das ganze Verhalten des Gegners läßt aber unzweifelhaft auf Ablösung durch ausgesuchte Truppenkontingente schließen.«[165] Dieses ausgesuchte Truppenkontingent kam aus Neuseeland. Das 1. neuseeländische Bataillon aus Otago war in den ostwärtigen Ausläufern des völlig zertrümmerten Ortes Gommecourt eingesetzt, dessen Frontabschnitt aus tiefen und geräumigen ehemals deutschen Stellungen bestand. Das 2. Bataillon dieses Truppenteils namens ›Otago Mounted Rifles Regiment‹ war zunächst in Reservestellungen in Gommecourt selbst untergebracht. Die Regimentsgeschichte der Neuseeländer sprach von einem dringend verbesserungswürdigen Zustand der übernommenen Stellungen, deren Ausbau bisher vernachlässigt worden sei. So gab es gerade in der Anfangsphase in den neuen Stellungen einen ständigen Bedarf zur Verstärkung der bestehenden Kampfgräben oder zum Anlegen von neuen Verbindungswegen. Mit Bedauern wird in der Regimentsgeschichte festgestellt, dass praktisch die ganze Arbeit im Schutze der Dunkelheit geleistet werden musste, weil die deutschen Soldaten in leicht erhöhten Stellungen lagen und besser beobachten konnten.[166]

Bereits nach einer knappen Woche, am 15. Juli 1918, gelang es den in diesen Stellungen frisch eingesetzten neuseeländischen Truppen durch einen kurzgesteckten Angriff, die Frontlinie im Bereich der Ortschaft Hébuterne und beim Wäldchen 125 zu ihren Gunsten zu verschieben. Dieser Angriff führte in der Folgezeit auf beiden Seiten zu erheblichen Anstrengungen, da sich die gegnerischen Stellungen nun auf kürzeste Distanz gegenüberlagen. Der alliierte Geländegewinn führte laut neuseeländischen Aufzeichnungen zu dem Entschluss auf deutscher Seite, die Stellungen am Wäldchen 125 zunächst zurückzunehmen.[167]

In der Tat spricht auch Voigt in der Regimentsgeschichte des deutschen Füsilierregiments 73 von einem erneuten feindlichen Angriff am 15. Juli 1918 in Stärke von etwa 300 Mann auf die Stellungen des linken Nachbarn,

---

164 Byrne, A. E.: Official History of the Otago-Regiment, New Zealand's Expeditionary Force in the Great War 1914–1918, Dunedin (J. Wilkie & Co) 1921, Seite 309.

165 Voigt, Regimentsgeschichte, Seite 683.

166 Byrne, History of the Otago-Regiment, Seite 309.

167 Ebenda, Seite 311.

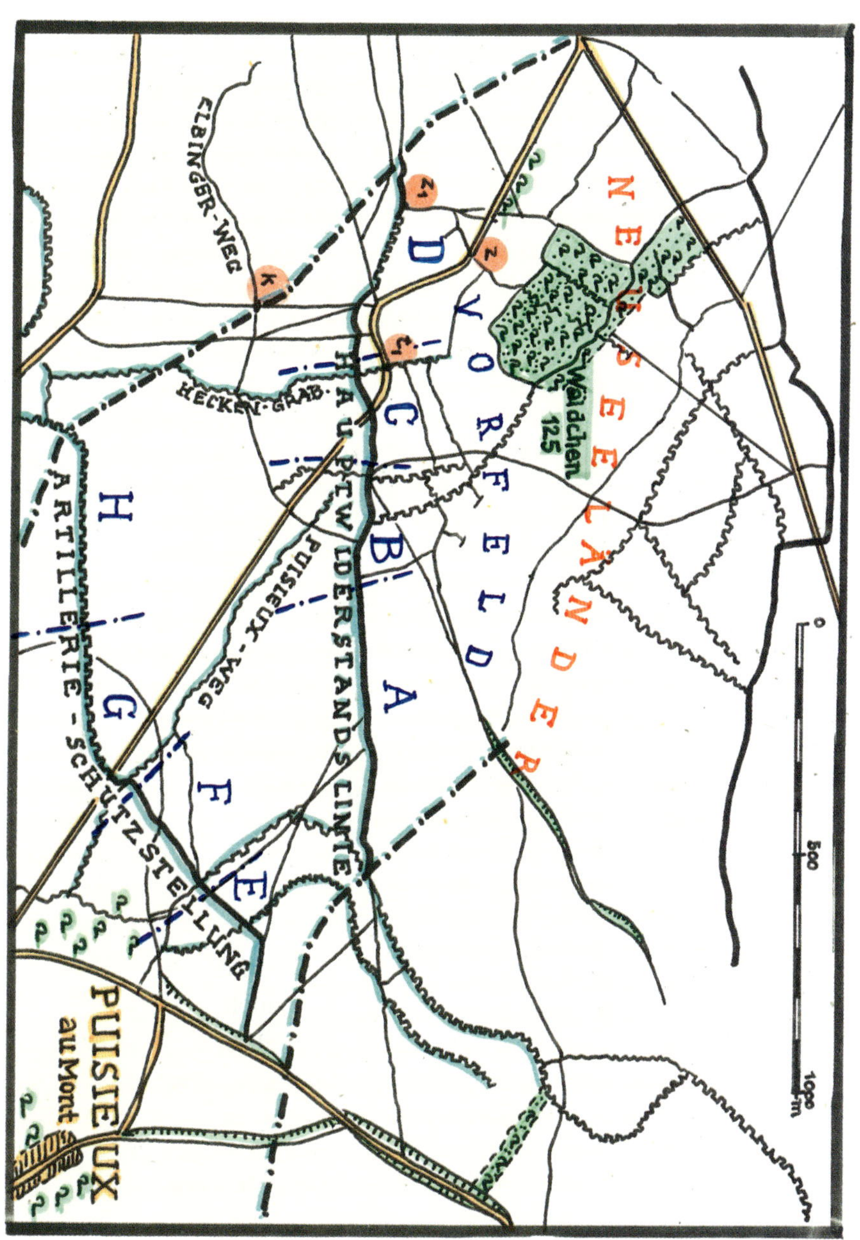

Karte 3: Stellungsverlauf am Wäldchen 125 am 15. Juli 1918

des Württembergischen Infanterieregiments 180, was aus Sicht der Hannoveraner als ein beachtlicher Einbruch beim linken Nachbarn bewertet werden musste, auf den nun auch auf deutscher Seite reagiert wurde.[168] Da es dem Nachbarregiment nicht gelang, den eingebrochenen Gegner wieder aus den Stellungen zu werfen, ragte das Füsilierregiment 73 mit seinen vorderen Stellungen im Wäldchen 125 wie ein Keil in den Feind, mit der Folge, dass es in seiner linken Flanke durch eine feindliche Umgehung bedroht war. Dementsprechend reagierte die vorgesetzte deutsche 111. Division mit dem Befehl: »Die Vorfeldbesatzung im Abschnitt D ist zurückzunehmen und die linke Flanke zwischen Vorderer Linie und Hauptwiderstandslinie damit zu sichern. Das Füsilierregiment klärt die Lage am linken Flügel durch Offizierpatrouille auf.«[169] Der Leser sei daran erinnert: ab dem 15. Juli kam es zu der in der Karte 3 skizzierten zweiten Umgliederung der Stellungen innerhalb nur weniger Tage. Da es dem linken Nachbarn des Füsilierregiments nicht gelang, den eingebrochenen Gegner aus den verlorenen Stellungen zu werfen, und mit weiteren Angriffen der Neuseeländer zu rechnen war, befahl die 111. Division schließlich die Verlegung der vorderen Stellungen.

Pioniere haben dann die aufgegebenen Gräben und Unterstände gesprengt, damit der Gegner diese nicht weiter nutzen konnte. Laut neuseeländischem Bericht waren am 19. Juli gegen Mitternacht zahlreiche Explosionen aus dem Wäldchen zu hören, was auf eine Sprengung der Unterstände und Gräben hindeutete.[170] Die in den frühen Morgenstunden des 20. Juli angesetzte neuseeländische Aufklärung bestätigte, dass die Stellungen im Wäldchen vollständig geräumt worden waren. Den Neuseeländern kam es jetzt darauf an, die eigenen Posten nach vorn zu verschieben und Fühlung mit den deutschen Truppenteilen aufzunehmen, um das ganze Ausmaß des Rückzugs festzustellen.[171]

Von dem Befehl zur Verlegung der Hauptwiderstandslinie waren Ernst Jünger und seine Soldaten unmittelbar betroffen, was zu dem verärgerten Tagebucheintrag vom 19. Juli 1918 führte:

---

168 Voigt, Regimentsgeschichte, Seite 683.
169 Ebenda.
170 Byrne, History of the Otago-Regiment, Seite 310.
171 Ebenda.

Nach ziemlich unruhig verbrachter Nacht (ich schlief in einem Siegfriedbunker, der mit einem Stollenbrett verziert war, außerdem knallte es wie verrückt) bekam ich [am 19. Juli 1918] Befehl, mich beim B.T.K. [Bereitschaftstruppenkommandeur] zu einer Besprechung einzufinden. Ich erfuhr, daß der Bogen in der Stellung beim Wäldchen 125 geräumt werden solle, da die Würtenberger [sic!] links von uns den Gegner vor 3 Tagen in die Hauptwiderstandslinie kommen lassen hatten und bislang noch nicht fähig gewesen waren, ihn wieder herauszuwerfen.
Dazu sollte auch meine Komp. die H-Stellung räumen und sich im Puisieux-Graben einbauen. Ich ging hin und fand einen verfallenen Graben ohne Unterkünfte an. Die überanstrengten Leute mussten also wieder heran und Bunker bauen. Am Nachmittag bekamen wir dann glücklich Befehl, während der Dämmerung nach Puisieux zu marschieren und uns dort als Stoß-Komp. einzurichten. Daß eine solche verworrene Befehlerei auf die Leute günstig wirkt, dürfte man kaum behaupten. […]
Am Abend musste ich mit der Komp. in's Dorf Pusieux rücken.[172]

Mit diesem Tagebuchzitat übt Jünger somit deutliche Kritik in teilweise ironisch-überheblicher Ausdrucksweise an der militärischen Führung seines vorgesetzten Bataillons- bzw. Regimentskommandeurs, die seiner Meinung nach mit sehr kurzfristigen und teilweise sich widersprechenden Befehlen für Verwirrung bei den Soldaten sorgten (»solche verworrene Befehlerei«).

Die neuseeländischen Truppen folgten den Deutschen in die aufgegebenen Stellungen: Das 1. neuseeländische Bataillon trat in seinem linken Bereich aus Stellungen nordostwärts des Wäldchens an und stellte Verbindung zu den an den Südostausläufern des Wäldchens eingesetzten neuseeländischen Kräften her. Das 2. Bataillon des Regiments besetzte Stellungen an der Südwestecke des Wäldchens und trat von dort mit kampfkräftigen Aufklärungspatrouillen weiter in Richtung der deutschen Hauptwiderstandslinie an. Die Gräben ostwärts des Wäldchens waren mit Stacheldraht gesperrt, was die Patrouillen dazu zwang, auf der Deckung entlangzugehen, und was entsprechend das Vorgehen verlangsamte.

172 Jünger, Kriegstagebuch, Seite 408 f., 19. Juli 1918.

Darüber hinaus wurden die deutschen Stellungen ostwärts und südwestlich des Wäldchens nach Kräften verteidigt. Die Verstärkung durch Artillerie und Minenwerfer ließ die Neuseeländer hier richtigerweise die deutsche Hauptwiderstandslinie annehmen. Die am Abend gefestigten neuseeländischen Stellungen lagen weit südlich und ostwärts des Wäldchens 125. Jünger merkte hierzu an:

> *Am Abend [des 20. Juli] wurde erhöhte Alarmbereitschaft angesagt, nach Meldung sollte der Gegner links im Regts-Abschnitt teilweise das Vorfeld besetzt haben, eine Folge unserer Räumung und neuen Vorfeldtaktik.*[173]

Der Gegner hatte in der Tat die aufgegebenen Grabenteile und das Wäldchen 125 besetzt. Doch bevor die Neuseeländer sich in der neuen Stellung festsetzen konnten, sollten die verloren gegangenen Grabenteile »durch Offizierpatrouillen sofort wieder genommen werden. Zur Unterstützung wurde dem verantwortlichen Kampftruppenkommandeur die Sturmkompanie 111 zur Verfügung gestellt.«[174] Die befohlene Offizierpatrouille sollte durch Ernst Jünger geführt werden.

Der Hinweis auf die zur Verfügung gestellte Sturmkompanie 111 verweist auf die im letzten Kriegsjahr vorherrschende Infanterietaktik, die im Einsatz von sogenannten Sturmkompanien bestand. Die Sturmkompanien waren das Ergebnis einer Entwicklung, die schon bald nach dem Festfahren der Stellungen an der Westfront im März 1915 begann.[175] Groß angelegte Infanteriebewegungen waren an der Westfront schon lange nicht mehr möglich: Zu dicht lagen sich die gegnerischen Stellungen gegenüber, gesichert mit Stacheldrahtverhauen und einer mächtigen Feuerkraft. Aber auch das Gelände selbst erlaubte kein rasches Vorgehen von größeren Infanterieeinheiten, weil der pausenlose Artilleriebeschuss nur eine Kraterlandschaft ohne jegliche Deckung hinterlassen hatte. Der taktische Einsatz von Infanterie hatte sich aber inzwischen weiterentwickelt. Man wollte auf beiden Seiten die einheitliche Masse der vielen infanteristischen Gewehrträger in kleine und bewegliche

173 Jünger, Kriegstagebuch, Seite 409, 20. Juli 1918.
174 Voigt, Regimentsgeschichte, Seite 684.
175 Stachelbeck, Effektivität, Seite 172.

Abbildung 4: Ernst Jünger (links) und Leutnant v. Kienitz vor einem Stoßtruppunternehmen am 23. September 1917 bei Regniéville

Kampfgruppen auflösen, die sich dann unter bestmöglichem Ausnutzen von Geländedeckungen nach dem Prinzip von koordiniertem Feuer und Bewegung angriffsweise, oder besser: »stoßweise«, bewegen konnten. Dazu wurden die bislang üblichen Waffen und Gerätschaften für den Grabenkampf wie beispielsweise Handgranaten, Gewehrgranaten oder Klappspaten ergänzt um neue Elemente wie Flammenwerfer, Minenwerfer oder Sturmkanonen.[176] Ein anschauliches Foto Ernst Jüngers als Stoßtruppführer aus dem Jahr 1917 verdeutlicht die besonders leichte und für den Grabenkampf angepasste Ausrüstung der Sturmtruppsoldaten (vgl. Abbildung 4).

Zur Erprobung neuer Angriffstechniken wurde im Jahr 1915 zunächst eine erste sogenannte Sturmabteilung als experimenteller Verband aufgestellt.[177] Man wollte mit allen zur Verfügung stehenden Mitteln aus dem erstarrten Grabenkrieg wieder in einen Bewegungskrieg übergehen und baute dazu die Sturmabteilung nach und nach aus. Der neue Verband hatte die entwickelten Angriffsverfahren sowohl in der Etappe als auch an der Front erprobt und perfektioniert. Damit die neuen Angriffstechniken in der ganzen Armee verbreitet werden konnten, wurde am 15. Mai 1916 durch die OHL verfügt, dass verschiedene Armeeoberkommandos eigene Sturmbataillone bilden sollten, deren Ausbilder wiederum bei der ursprünglichen Sturmabteilung ausgebildet worden waren. Im Jahre 1916 wurde schließlich eine »Anweisung für die Ausbildung beim Sturmbataillon« herausgegeben.[178] Diese elitären Sturmbataillone aus eigens ausgesuchtem Personal bewertete der Militärhistoriker Christian Stachelbeck als »substantielle Schrittmacher im kontinuierlichen Anpassungs- und Lernprozess des komplexen Gefechts der verbundenen Waffen auf elementartaktischer Ebene«.[179] Die Sturmkompanien wurden bei besonders schwierigen Angriffen zur Verstärkung und Anführung der regulären Infanterie eingesetzt. Sie sollten dabei den eigentlichen Einbruch in die gegnerische Stellung erzwingen und wurden anschließend durch die Stellungstruppe abgelöst. Die Sturmbataillone wurden aber auch

176 Vgl. Stachelbeck, Effektivität, Seite 99.
177 Im Folgenden: Raths, Vom Massensturm zur Stoßtrupptaktik, Seiten 165–169.
178 Ebenda, Seite 165.
179 Stachelbeck, Effektivität, Seite 99.

als Lehrtruppe für die normale Infanterie genutzt, um die Kenntnis des Stoßtruppverfahrens im gesamten Heer zu verbreiten. Über das Auftreten der Soldaten einer Sturmkompanie schrieb Jünger im Juli 1918 kopfschüttelnd:

> *ß! Die Sturmtruppleute waren merkwürdige Kerls. Junge Krieger mit langen Haarschöpfen und Wickelgamaschen, gerieten sie 20 m vorm Feind in einen heftigen Streit untereinander über das eben stattgefundene Aufrollen, fluchten wie die Beserker [sic!] und rühmten sich gegenseitig mit großem Prahlen.*[180]

Die Sturmtrupps sollten das Gelände vor der gegnerischen Stellung in kleinen Gruppen in lockerer Formation überwinden, in die Gräben einbrechen und dann das Grabensystem von Schulterwehr zu Schulterwehr im Nahkampf mit Handgranaten »aufrollen«.[181] Diese neue Angriffstechnik, das Stoßtruppverfahren, wurde nach und nach in der ganzen Armee verbreitet. Das Stoßtruppverfahren wurde schließlich verbindlich für die gesamte Infanterie als Angriffsverfahren eingeführt.[182] Ab August 1918 wurden folgerichtig die Sturmbataillone als eigenständige Formationen aufgelöst, weil das Stoßtruppverfahren letztlich von allen Infanterieverbänden angewandt werden konnte.

Wie schon weiter oben erwähnt, hatte die vorgesetzte Division das Füsilierregiment 73 angewiesen, mit von Offizieren geführte Patrouillen im linken Bereich des Stellungsabschnitts verloren gegangene Grabenabschnitte zurückzuerobern. Ernst Jünger war der festgelegte Führer der durch die Division befohlenen Offizierpatrouille, Leutnant Petersen führte zwei Stoßgruppen der Sturmkompanie. In Jüngers Tagebuch wurden zu dem beabsichtigten Unternehmen folgende Bemerkungen zur Absprache festgehalten:

> *Am frühen Morgen [des 21. Juli] musste ich Abschnitt F im Artl.-Schutzriegel besetzen. Nach Besprechung mit dem K. T.K.,*

---

180 Jünger, Kriegstagebuch, Seite 412., 22. Juli 1918.

181 Vgl. Leonhard, Büchse der Pandora, Seite 439 f.

182 So folgert Stachelbeck aus seiner Auswertung der Entwurfsfassung der Ausbildungsvorschriften für die Fußtruppen im Krieg (A.V.F.) vom Januar 1918. Stachelbeck, Effektivität, Anm. 500, Seite 152.

Rittmeister Schuhmacher,[183] *und dem Leutnant Petersen kamen wir überein, die fdl. Gräben beim Tank und in der Mulde aufzurollen, ich mit der 7. [Kompanie] links, Petersen rechts.*[184]

Die Soldaten der Sturmkompanie waren noch völlig fremd im Gelände des Füsilierregiments 73 und mussten sich zunächst orientieren. Der befohlene Gegenstoß konnte deshalb am Morgen des 21. Juli 1918 nicht bereits um 04.30 Uhr in der für eine Patrouille günstigen Dämmerung, sondern erst um 06.00 Uhr bei zunehmender Helligkeit begonnen werden, was aufgrund der besseren Sichtverhältnisse natürlich gefährlicher für die Angreifer war. Über den Verlauf der Offizierpatrouille schrieb Jünger einen verhältnismäßig umfangreichen Bericht in sein Tagebuch, der hier ausführlich wiedergegeben werden soll. Zur besseren Orientierung sei auf die Abbildung 5 verwiesen, eine schematische Skizze des besagten Grabenabschnitts aus Jüngers Tagebuch, in dem das Stoßtruppunternehmen unter Führung eines Offiziers durchgeführt werden sollte.

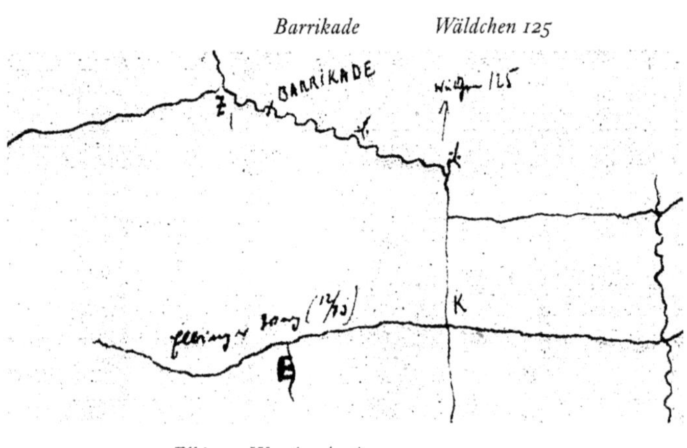

Abbildung 5: Prinzipskizze aus Jüngers Tagebuch zum Stoßtrupp am 21. Juli 1918

183 Jüngers Stellungsabschnitt F in der weiter hinten gelegenen Artillerie-Schutzstellung und die Aufgabe eines Gegenstoßes gemeinsam mit der Sturmkompanie deuten darauf hin, dass Rittmeister Schumacher hier in seiner Funktion als Bereitschaftstruppenkommandeur (B.T.K.) gehandelt hat, was Jünger am 18. Juli 1918 auch in seinem Tagebuch geschrieben hat.

184 Jünger, Kriegstagebuch, Seite 409, 21. Juli 1918.

Jünger schrieb in sein Tagebuch:

Wir zogen im Morgengrauen los, am linken Flügel H, beim Elbinger Weg bekam ich von dem linken Hange der Mulde von einem steil heruntergehendem Grabenstück gezieltes Feuer und musste das deckungslose Stück einzeln überspringen lassen. An ein Aufrollen nach Karte vom Rotpunkt k aus war wegen der Helligkeit nicht mehr zu denken, da wir in diesem Stück direkt vom Wäldchen 125 eingesehen werden konnten. Ich besetzte also den Elbinger Weg, in der 12 Mann der 12. [Kompanie] und eine Gruppe vom Würtembergischen I. R. 180 mit Offz. lag. In einem großen Stollen schlief ich erst mal einige Stunden und freute mich, endlich einmal Ruhe vor den Befehlen nicht der Lage gewachsener Vorgesetzter zu haben. Um 11^{00} [Uhr] weckte mich Handgranatenkrachen, das anscheinend vom linken Flügel, wo die 180er eine Barrickade besetzt hatten, ertönte. Ich eilte hin und fand das übliche Bild des Barrickadenkampfes, einige Handgranaten werfende Leute und ein Maschinengewehr, das die beiden nächsten Schulterwehren unter Feuer nahm. Ich beteiligte mich etwas an der Werferei und schoß dann 2 der vorzüglichen neuen Gewehrgranaten in Richtung auf den mutmaßlichen Gegner, dem sein Handstreich mißlungen war. Ein 180er lag übel zugerichtet an der Barrickade, eine Handgranate hatte ihm die linke Hand zerfetzt, Bein und Kopf schienen auch stark beschädigt. Er war tot.[185]

Die in der Skizze eingetragenen Geländepunkte k und z_1 können in Jüngers Handkarte (Abbildung 3) geografisch eindeutig verortet werden. Jüngers Patrouille erreichte nicht einmal die vom Kommandeur festgelegten Bereitstellungsplätze, weil sich dort bereits der Gegner befand.[186] Die Soldaten der voraus angreifenden Sturmkompanie gerieten »schon beim ersten Vordringen in schweres feindliches M. G.-Feuer vom Wäldchen 125 her; sie sehen sich nach dem Eintreten schwerer Verluste alsbald gezwungen, das Unternehmen einstweilen aufzugeben.«[187] Die Absicht, den feindlichen Graben vom Rotpunkt k aus in nördlicher Richtung bis zum Rotpunkt z_1 »aufzurollen« und damit wieder in Besitz zu nehmen,

---

185 Jünger, Kriegstagebuch, Seite 409 f., 21. Juli 1918.

186 Voigt, Regimentsgeschichte, Seite 684. – Das bestätigt auch die neuseeländische Regimentsgeschichte: Byrne, History of the Otago-Regiment, Seite 311.

187 Ebenda, Seite 684.

ließ sich angesichts der Sichtverhältnisse und der direkten Bedrohung durch gezieltes feindliches Gewehrfeuer nicht umsetzen. Der Gegenstoß war damit gescheitert. Unter feindlichem Feuer brach Jünger deshalb sein Vorgehen entlang des Grabens ab und blieb mit seinen Soldaten an Ort und Stelle, um zunächst einmal zu schlafen. Auch in dieser Tagebucheintragung findet sich eine abfällige Kritik an seinen Vorgesetzten, denen er vorwirft, der Lage nicht gewachsen zu sein.

Doch die Division gab sich mit dem gescheiterten Versuch nicht zufrieden und befahl eine Wiederholung des Gegenstoßes am folgenden Tag, um das verlorene Grabenstück unbedingt wieder zu nehmen. Das Kriegstagebuch des Regiments registrierte hierzu: »Der KTK befiehlt den Gegenangriff für den 22. Juli, morgens 4:15 Uhr, und ordnet dazu an, daß derselbe durch Artilleriefeuer während einer Viertelstunde vorzubereiten und durch vier Gruppen der Sturmkompanie, verstärkt durch zwei Gruppen der 7./73 (Jünger), auszuführen ist.«[188]

Der nun befohlene Angriff folgte dem typischen Schema in der Zusammenarbeit zwischen Sturmkompanie und Stellungsinfanterie: Sturm durch vier Sturmgruppen der Sturmkompanie, anschließend sollten zwei Gruppen aus Jüngers 7. Kompanie die genommenen Grabenteile besetzen.

Auch dieser Befehl der Division weckte bei Jünger nur Unverständnis, wie seinem Tagebucheintrag desselben Tages entnommen werden kann, der wegen seiner drastischen Sprache vollständig wiedergegeben werden soll:

> *Am Abend mußten wir auf erneuten Befehl wieder zum Abschnitt F, (Auf dem Rückweg natürlich wüstes Gewehrfeuer) wo ich natürlich gleich wieder Befehl bekam, mit 2 Gruppen morgen der aufrollenden Sturmkompanie 111 vom Rotpunkt k bis zum Rotpunkt z_1 zu folgen und dies Stück zu besetzen, die übrigen Gruppen sollen zum Abschn. [Abschnitt] F zurück. Na, das werden wir hoffentlich morgen beschreiben.*
> *Eine abfällige Kritik der ganzen Art der Befehlserteilung und des Verständnisses der Lage behalte ich mir mangels an Zeit vor (Ich sitze hier im Bunker im Abschnitt F, es ist 12^{00} [Uhr Mitternacht] [und] um 3^{00} [Uhr früh] werde ich geweckt).*

188 Voigt, Regimentsgeschichte, Seite 685.

Na, die Etappe weiß es in diesem Kriege ja immer besser als der Frontsoldat, der kann den Mist ausbaden, die Lorbeeren werden schon andere ernten. Schluß![189]

Es ist dieser häufig zitierte Tagebucheintrag, der angeführt wird, um eine gewisse Abgestumpftheit und Lustlosigkeit bei Jünger zu belegen, die in einem deutlichen Gegensatz zur vorherrschenden positiven Stimmung als heroischer Führer und Kämpfer in seinen späteren Veröffentlichungen zum Ersten Weltkrieg steht. Doch ist die hier geschilderte Wahrnehmung aus der Sicht des Grabenkämpfers doch nur zu verständlich: seit Tagen nicht richtig geschlafen, Bedrohung durch ständiges Artilleriefeuer, unklare Befehlsgebung, widersprüchliche Aufträge und der Befehl zu einem Unternehmen, das am Vortag bereits im Feindfeuer gescheitert war. Es ist dieser konkreten Situation geschuldet, wenn Jünger um Mitternacht bei einer Kerze in einem verdreckten Unterstand saß, seine Notizen der Erlebnisse vom Tage niederschrieb und mit seiner Kriegserfahrung den unmittelbar bevorstehenden, befohlenen Gegenangriff kommentierte. Man hat den Eindruck, dass sich Jünger regelrecht in Rage schrieb, mit Kritik nicht zurückhielt und sich am Ende sogar selbst stoppen musste: »Schluß!« Dass von Lustlosigkeit oder Kriegsmüdigkeit bei Jünger in diesen Tagen aber keine Rede sein kann, sieht man an der Tatsache, dass er natürlich zum befohlenen Zeitpunkt am nächsten Morgen zum Gegenstoß antrat.

Das Vorgehen am folgenden 22. Juli 1918 beschrieb Jünger ebenfalls vergleichsweise ausführlich in seinem Tagebuch (zur besseren Orientierung siehe Abbildung 5).

Um 3^{40} [Uhr] brachen wir, d. h. Ltn. Voigt[190]*, Sturmtrupp und ich mit 2 Gruppen der 7. Komp. zum Rotpunkt k auf. Wir hatten Befehl nach Artl. und Minenvorbereitung den Graben bis Rotpunkt z_1 aufzurollen. Wir Frontoffiziere, die die Lage kannten, hielten sowohl die Artl.-Vorbereitung als auch das Nehmen und Besetzen des tief in*

---

189 Jünger, Kriegstagebuch, Seite 409 f., 21. Juli 1918.

190 Wohl Leutnant Werner Voigts aus der 8. Kompanie des Füsilierregiments 73. Voigts wurde erst im Frühjahr 1918 zu einem sogenannten »Sturm«-Lehrgang der 111. Infanteriedivision kommandiert und war deshalb wahrscheinlich der Führer der Sturmgruppen für das geplante Unternehmen. – Vgl. Voigt, Regimentsgeschichte, Stellenbesetzung des Füsilierregiments 73 am 21. März 1918.

der Mulde liegenden und von überall einzusehenden Grabenstückes für Blödsinn, mussten aber den Befehl ausführen.
4^{30} [Uhr] traten wir, die Stoßtrupps voran an und gingen ohne einen Gegner zu treffen, im Graben vor. Kurz vor z_1 stießen wir auf fdl. Widerstand durch Hand- und Gewehrgranaten. Es entstand die übliche Panik, die durch Wut-Schreien[191] *der Offiziere und Stehenbleiben beherzterer Leute zum Stehen gebracht wurde. Wir warfen auch Handgranaten und schossen einige Gewehrgranaten ab. Da wir unser Ziel erreicht und auf weiteren Kampf nicht erpicht waren, bauten wir aus Balken, Sandsäcken etc. eine Barrickade, an die ich Gruppe Meier zur Verteidigung setzte. Weiter hinten kam die Gruppe des Fahnj.Utoffz [Fahnenjunker Unteroffizier] Lange und am nördlichsten Punkt des von k nördlich sichernden Graben 1 lMG [leichtes MG] von 9/73 [der 9. Kompanie des Füsilierregiments 73] mit 4 Mann.*[192]

In der schematischen Skizze in Jüngers Tagebuch (Abbildung 5) sind neben der Ortsangabe »Elbinger Weg« und den Gelände- oder Rotpunkten k und z_1 auch die eingerichtete Barrikade kurz vor z_1 sowie die Lage der Maschinengewehre eingezeichnet. Ein Abgleich dieser Abbildung mit Ernst Jüngers Handkarte (Abbildung 3) verdeutlicht: Jünger hatte befehlsgemäß den Kampfgraben mit seinen beiden Gruppen bis kurz vor dem Rotpunkt z_1 genommen und war dort auf feindlichen Widerstand gestoßen. Festgehalten werden soll hier – für die spätere Diskussion –, dass Jünger und seine Soldaten sich damit etwa 300 m südlich der Ausläufer des Wäldchens 125 befunden haben.

Im Abschnitt F wieder angekommen, schrieb ich gleich einen Bericht, in dem ich kein Blatt vor den Mund nahm und die ganze beschissene Lage der beiden Gruppen da vorn auseinandersetzte.[193]

Hier wird die ganze Ohnmacht des Befehlsempfängers Jünger und sein ganzer Frust über die aus Sicht der Soldaten an der Front sinnlose Befehlsgebung durch truppenferne Stäbe deutlich. Für Jünger als vorn

---

191 Kiesel schreibt hier: »Front-Schreien der Offiziere«. – Jünger, Kriegstagebuch, Seite 410, 22. Juli 1918. Ich lese in Jüngers Handschrift im Tagebuch »Wut-Schreien«, das m. E. auch plausibler erscheint.

192 Jünger, Kriegstagebuch, Seite 410 f., 22. Juli 1918.

193 Ebenda, Seite 411, 22. Juli 1918.

eingesetzter Patrouillenführer erschloss sich die taktische Bedeutung dieses Unternehmens nicht, zumal er zwei seiner Gruppen auf sich allein gestellt an einer eilig errichteten Barrikade in unmittelbarer Nähe zum Feind zur Sicherung zurücklassen musste und diese quasi auf sich allein gestellt ihrem Schicksal überlassen waren. Dies kritisiert Jünger zurecht als einen für einen militärischen Führer eigentlich undenkbaren Vorgang.

Am folgenden Tag notierte Jünger:

Auf meine große Meldung hin bekam ich den Bescheid, daß der Graben nördlich z_1 nur mehr durch einen Unteroffizierposten zu sichern sei. Der Grund wurde mir bald klar, nachdem ich das Divisionsnachrichtenblatt N° 77 gelesen hatte. Dort steht unter dem 22. 7.: ›Ein vom F. R. 73 [Füsilierregiment 73] heute 4^{30} [Uhr] Vorm [vormittags] mit Teilen der Sturmkomp. geleitetes und ausgeführtes Unternehmen verlief planmäßig. Vorfeld ist gesäubert wie beabsichtigt.[194]

Auch die 1938 veröffentlichte Regimentsgeschichte verbuchte diesen Gegenangriff als vollen Erfolg: »Das Unternehmen verläuft in allen seinen Teilen vollkommen programmmäßig. Die Stoßgruppen der Sturmkompanie unter Leutnant Voigts brechen auftragsgemäß vor und bringen den sich heftig wehrenden Gegner mit Handgranaten und Gewehrgranaten zum Weichen. Der wiedergewonnene Graben wird durch eine Barrikade abgeriegelt und mit Drahtsperren gesichert, die Stoßgruppen entlassen. Zwei Gruppen der 7./73 [Ernst Jüngers 7. Kompanie des Füsilierregiments 73] richten sich zur Verteidigung ein.«[195] Die blutige Realität des Grabenkriegs musste Jünger zwangsläufig realistischer wahrnehmen als der Regimentschronist und nahm bei der Kommentierung im Tagebuch dementsprechend auch kein Blatt vor den Mund:

Na, damit ist die Sache klar. Damit schöne Worte nach hinten gemeldet werden können, wurden die Knochen von 7 Füsilieren geopfert; dabei ist die völlige taktische Wertlosigkeit der Position durch meine und andere Meldungen zur Genüge bekannt.

Wer die Wahrheit kennt und sagt sie nicht,
der bleibt fürwahr ein erbärmlicher Wicht!

194 Jünger, Kriegstagebuch, Seite 412, 23. Juli 1918.
195 Voigt, Regimentsgeschichte, Seite 686.

Daß die Sache vom F. R. 73 aus sicheren Stollen 8 km[196] *vom Schuß geleitet ist, ist ja auch sehr wichtig und erwähnenswert. Die Füsiliere der 7/73 und die Leute, die die Sache geführt (nicht geleitet) haben, zu erwähnen, lohnt sich nicht der Mühe. Die sind Kanonenfutter. Die Lorbeeren ernten andere Leute. Das bin ich aber seit 3 1/2 Jahren gewöhnt.*[197]

Auch dieses Zitat gibt die ganze Verärgerung und Enttäuschung Jüngers wieder, der als Leutnant und Kompanieführer im vierten Kriegsjahr die gesamte Last des infanteristischen Grabenkampfes in seinem Kampfabschnitt zu tragen hatte. Da ist es nur zu verständlich, dass er die Leistungen seiner Kompanie auch entsprechend gewürdigt und angesprochen sehen will. Wenn er aus seinem unmittelbaren Erleben vor Ort und mit seiner Kriegserfahrung das Nehmen eines taktisch wertlosen Grabenstücks als »Blödsinn« bezeichnet, er aber dennoch dafür sein eigenes und das Leben seiner Männer einsetzen muss (» … mussten aber den Befehl ausführen«), dann ist es nur zu verständlich, wenn er die Entscheidung seiner Vorgesetzten verächtlich infrage stellt und dafür starke Worte findet.

Die militärischen Stäbe wie der Stab des Füsilierregiments 73 befanden sich in der Tat so weit hinter den Frontstellungen, dass die feindliche Artillerie dort mit ihrer Munition nicht wirken konnte. Jünger gibt die Entfernung mit acht Kilometern an, ein Divisionsgefechtsstand lag bis zu zehn Kilometer hinter der Front »und verwaltete aus sicherer Entfernung bürokratisch den industrialisierten Krieg«.[198]

Auch mit abfälliger und teilweise vernichtender Kritik an seinen militärischen Vorgesetzten und deren Stäben hielt sich der Frontoffizier in seinen Aufzeichnungen nicht zurück:

Am grünen Tisch läßt sich die Einnahme eines Grabenstückes gut befehlen, in der blutigen Realität des Krieges rächt sich solche Knobelei an bemalten Karten. Mal heraus ihr Herren zur Orientierung

---

196 Kiesel schreibt hier: »3 km vom Schuß«. – Jünger, Kriegstagebuch, Seite 412, 23. Juli 1918. Ich lese in Jüngers Handschrift »8 km vom Schuß«, eine Entfernung von der Front, die für einen wenig mobilen Regimentsgefechtsstand angenommen werden muss.

197 Jünger, Kriegstagebuch, Seite 412, 23. Juli 1918.

198 Stachelbeck, Effektivität, Seite 97.

vorn, wenn Euch auch mal ein Brisanzwindlein um die Nasenlöcher pfeift, andere Leute sind das seit 4 Jahren gewohnt.[199]

Ein Blick in die Regimentsgeschichte verstärkt diesen Eindruck und könnte die Unzufriedenheit Jüngers mit seinen Vorgesetzten teilweise erklären. Das Füsilierregiment 73 erlebte nach der März-Offensive 1918 bis zum Sommer einen mehrfachen und nahezu vollständigen Führerwechsel. Der Kommandeur des I. Bataillons, Major Böckelmann, wurde am 21. März 1918 gleich zu Beginn der Michael-Offensive schwer verwundet. Es führten dann nacheinander zwei Offiziere in Vertretung, bis Hauptmann Junker am 29. Juni 1918 mit der Bataillonsführerstelle beliehen wurde. Der Kommandeur des II. Bataillons ist am 21. März 1918 gefallen und wurde vertreten, bis Hauptmann von Weyhe, zuvor Regimentsadjutant, endgültiger Führer des II. Bataillons wurde. Der Führer des III. Bataillons schließlich, Hauptmann Freiherr von Ledebur, wurde am 10. Juni 1918 beim Fliegerangriff auf das Spiel der Regimentskapelle und am 22. Juni durch ein Schrapnell am Fuß verwundet. Die Bataillonsführerstelle wurde zunächst durch Leutnant der Reserve Becker verwaltet, bis sie mit Rittmeister der Reserve Schumacher vom Dragonerregiment 19 endgültig besetzt wurde. Damit waren alle drei Bataillonsführer erst für kurze Zeit in diesen Funktionen und konnten von daher nicht dieselbe Erfahrung wie Leutnant Jünger haben, der zudem seit Kriegsbeginn dem Füsilierregiment 73 angehörte. Hinzu kam, dass der Regimentskommandeur Major von Lüttichau beurlaubt war und das Regiment im Juni und Juli 1918 vertretungsweise von Major Freiherr Hiller von Gaertringen, dem Kommandeur des Feldrekrutendepots der 111. Division, geführt wurde. Bei einer solchen Personalrotation und mit zwangsläufig unerfahrenen Führern musste es zu Missverständnissen in der Absicht und weiteren Befehlsgebung kommen. Einem erfahrenen Frontoffizier wie Jünger musste dies auffallen. Wenn es dann im Feuergefecht zu personellen Verlusten kam und Jünger dies auf »verworrene Befehlerei« oder frontferne Stabsoffiziere zurückführte, waren die im Tagebuch niedergeschriebenen Wutausbrüche fast schon zwangsläufig vorprogrammiert. An diesem konkreten Beispiel zeigt sich die Funktion des Tagebuchschreibens als ein Mittel der unmit-

199 Jünger, Kriegstagebuch, Seite 412, 22. Juli 1918.

telbaren persönlichen Verarbeitung von schrecklichen Kriegserlebnissen, aber auch der Wert als historisches Dokument.

Auf neuseeländischer Seite kam man nolens volens zu dem Ergebnis, dass es vorteilhaft wäre, die bereits gemachten Geländegewinne weiter auszubauen, um dadurch die gewonnenen erhöhten Geländeteile zu sichern, verbesserte Beobachtungs- und Schussmöglichkeiten zu erlangen und vor allem das Wäldchen 125 endgültig in Besitz zu nehmen. Zu diesem Zweck wurde ein erneuter Angriff für den 23. Juli 1918, um fünf Uhr nachmittags geplant. Stürmisches Wetter und heftige Regenfälle setzten jedoch die Gräben und Annäherungswege für den geplanten Angriff unter Wasser, sodass der Angriff um 24 Stunden verschoben werden musste.[200]

Die Folge war, dass am 24. Juli 1918 die Stellungen des Füsilierregiments 73 Ziel eines groß angelegten gegnerischen Angriffs wurden. Die neuseeländische Regimentschronik merkt an, dass die Deutschen in ihren Stellungen überrascht wurden, insbesondere auch deshalb, weil sie gerade vor der Ablösung standen. Nur unterstützt durch leichte Grabenmörser griffen die Neuseeländer mit zwei Kompanien nebeneinander das deutsche Grabensystem an: Auf der linken Seite gelang es der angreifenden Kompanie, die deutschen Posten zu überrennen bzw. durch kurz gesteckte Angriffe aus dem Graben zu treiben, teils wurden Gefangene gemacht, deutsche Maschinengewehre erbeutet oder Gegner getötet. Der Angriff wurde, wie der Chronist vermerkt, bis nahe der deutschen Hauptwiderstandslinie geführt und dort durch eilig errichtete Barrikaden und Sperren im Kampfgraben gesichert. Der neuseeländische Angriff auf der linken Seite erzielte damit einen beachtlichen Erfolg.[201]

Auch auf der rechten Seite des Angriffs, südwestlich des Wäldchens 125, wurden die deutschen Soldaten überrascht. Dazu hat vermutlich auch der Angriffszeitpunkt beigetragen. Üblicherweise wurden für die Angriffe auf das gegnerische Stellungssystem die ersten Nachtstunden, besser noch die frühen Morgenstunden festgelegt. Dann konnte man im Schutz der Dunkelheit, insbesondere wenn die gegnerischen Stellungen nicht vollständig besetzt waren oder wenn die feindlichen Posten in ihrer

---

200 Byrne, History of the Otago-Regiment, Seite 311.

201 »The assault over the left portion of the selected front has thus achieved distinct success.« – Byrne, History of the Otago-Regiment, Seite 312.

Aufmerksamkeit nachließen, einen Gegner überraschen. Hier gelang es den neuseeländischen Soldaten jedoch, zu einer eher »unüblichen« Zeit, um fünf Uhr nachmittags, in die Stellungen der Hauptwiderstandslinie einzubrechen und längs des Kampfgrabens die deutschen Stellungen nach und nach aufzurollen. Die Neuseeländer trieben die Deutschen im Graben vor sich her, bis ihnen die Munition ausging und sie den Graben eilig mit Sperren in Feindrichtung sichern mussten. Die Geschichte des Otago Rifles Regiment erwähnt an dieser Stelle die besondere Rolle des Sergeanten Richard Travis, der für seine Rolle in diesem Gefecht mit dem Victoria Cross ausgezeichnet wurde. Schenkt man der Begründung für diesen Orden Glauben, so hätte sicherlich auch Ernst Jünger die besondere Tapferkeit und Kaltblütigkeit dieses Neuseeländers neidlos anerkannt.[202] Der neuseeländische Chronist schätzte, dass während dieses Angriffs etwa 50 deutsche Soldaten gefallen sind. Zudem wurden vier Deutsche gefangen genommen und sechs Maschinengewehre erbeutet. Die eingenommenen Grabenabschnitte waren in einem guten Zustand mit Unterständen und Stollen und erlaubten eine direkte Beobachtung bis nach Puisieux hinein.[203]

Voigt berichtet in der Geschichte des Füsilierregiments 73 von einem im Nachhinein gefundenen Befehl der Neuseeländer, aus dem sich entnehmen ließ, dass der Angriff in Regimentsstärke mit zwei Bataillonen vorn und einem weiteren Bataillon folgend auf die Stellungen vorgetragen wurde.[204] Am darauffolgenden Tag war es dann zunächst auffallend ruhig auf der gegnerischen Seite. Ab 18.15 Uhr wurde aber der rechte Nachbarabschnitt des Füsilierregiments 73 vom Gegner vernebelt sowie das Hintergelände und die eigenen Batteriestellungen unter Artilleriefeuer genommen. »In der Mulde, nordostwärts Puisieux, ist buchstäblich nicht

---

202 »A bombing party on the right of the attack was held up by two enemy machine guns, and the success of the whole operation was in danger. Perceiving this, Sergt. Travis, with great gallantry and utter disregard of danger, rushed the position, killed the crew and captured the guns. An enemy officer and three men immediately rushed at him from a bend in the trench and attempted to retake the guns. These four he killed single-handed, thus allowing the bombing party, on which much depended, to advance.« – Byrne, History of the Otago-Regiment, Seite 313.

203 Ebenda, Seite 314.

204 Voigt, Regimentsgeschichte, Seite 685.

die Hand vor den Augen zu sehen.«[205] Gegen 19.00 Uhr folgte dann der Infanterieangriff auf den linken Nachbarn und die Abschnitte A bis D in der Hauptwiderstandslinie. Der Kampftruppenkommandeur meldete um 20.00 Uhr, dass die Abschnitte B und C verloren wurden. Durch Gegenstöße und einen Angriff durch die herangeführte 2. Kompanie konnten die Abschnitte B und C kurz nach Mitternacht zurückgewonnen werden.

In Jüngers Tagebuch wird dieser Feindangriff vom 24. Juli 1918 wie folgt beschrieben:

> *Um 6⁰⁰ [Uhr abends], als ich grade ganz gemütlich in meinem Bunker [in der Artillerie-Schutzstellung] saß und schrieb, begann eine unangenehme, aber nicht sonderlich starke Schießerei auf den Abschnitt. Als ich den matten Abschuß von Leuchtkugeln beim KTK hörte, lief ich heraus und sah, daß grüne Leuchtzeichen hochgeschossen wurden (Sperrfeuer). Ich alarmierte die Komp, ging zum KTK und erfuhr, daß der Gegner soeben in [die Abschnitte] B und C in die Hauptwiderstandslinie, in [dem Abschnitt] A ins Vorfeld eingedrungen wäre. Es kamen von vorn Flüchtlinge, deren Namen ich feststellte. Allmählich erfuhr man auch, daß Ltn. Kasten[206] (der neulich erst im Wäldchen 125 leicht verwundet wurde) schwer verwundet, Ltn. Vorbeck gefallen, Ltn Grieshaber schwer verwundet [wurde]. Um 8³⁰ [Uhr] kam auch Sprenger, der die 5ᵗᵉ [Kompanie] geführt hatte, ganz fidel mit Splitter im Rücken zurück, schädigte mich um einen kräftigen Schnaps, zitierte: »Rückwärts, Rückwärts, Don Rodrigo!« und begab sich mit sausendem Cutaway zum Verbandplatz. Augenblicklich sitze ich im Bunker, schreibe Tagebuch und warte auf Befehl zum Gegenstoß.*[207]

Noch in der Nacht vom 24. auf den 25. Juli 1918 wurde durch das Füsilierregiment 73 eine Umgliederung der eingesetzten Kompanien vorgenommen, weil die 9. Kompanie im Abschnitt C und die 11. Kompanie im Abschnitt B ihrer starken Verluste wegen zurückgenommen werden mussten. Jünger erhielt infolgedessen morgens den

> *Befehl, den Abschnitt C mit meiner Komp. abzulösen, den der Tommy gestern freiwillig geräumt hatte. Ich fand dort Pioniere, Kius*

205 Voigt, Regimentsgeschichte, Seite 685.

206 Leutnant der Reserve Kasten von der 11. Kompanie im Füsilierregiment 73.

207 Jünger, Kriegstagebuch, Seite 413, 24. Juli 1918.

mit einem Zuge 2/73 [von der 2. Kompanie des Füsilierregiments 73] und Gipkens mit den Resten von 9/73 vor.
Im Graben lagen 8 tote Deutsche und 2 Engländer (Mützenschild: South-Africa, Otago-Rifles), die beim gestrigen Handgranatenkampf gefallen waren. Die Toten sahen übel aus, angstverzerrte Gesichter, furchtbare Verletzungen, meist am Kopf, zweien waren beide Augen ausgeschossen.
Ich ließ zunächst die Barrickaden besetzen und im Graben Ordnung schaffen.[208]

Jünger beschrieb in seinem Tagebuch, aber auch in den ersten Auflagen von ›In Stahlgewittern‹, die Uniformkennzeichnung der gefallenen Soldaten mit dem »Mützenschild: South-Africa, Otago-Rifles«, wodurch die Soldaten eigentlich klar als Angehörige des neuseeländischen Expeditionskorps aus Otago und eben nicht als Engländer zu erkennen waren. Ab der Ausgabe von ›In Stahlgewittern‹ von 1934 schrieb Jünger an einer anderen Stelle, dass er »erst nach dem Kriege durch Zuschriften aus den Ländern der Antipoden«[209] erfahren hatte, dass seine Gegner zu diesem Zeitpunkt Neuseeländer waren. Dennoch hielt er sich bei allen weiteren Ausgaben, einschließlich der Fassung letzter Hand von 1978, an dieser Stelle in den ›Stahlgewittern‹ offenbar eng an seine Tagebuchaufzeichnungen und sprach – eigentlich wider besseren Wissens – von gefallenen ›Engländern‹.[210]

Auf deutscher Seite wurde auf den neuseeländischen Angriff und die erlittenen Geländeverluste mit sich steigerndem Artilleriefeuer auf die gegnerischen Stellungen reagiert. Hielten sich laut neuseeländischer Chronik die Verluste während des Sturmangriffs in Grenzen, so stieg die Zahl der Gefallenen und Verwundeten durch das noch während der Nacht einsetzende deutsche Artilleriefeuer stark an. Während der Nacht hätten die Deutschen fast ununterbrochen ihr Artilleriefeuer aufrechterhalten, das jedoch größtenteils hinter der neuen Frontlinie einschlug. Am Morgen des 25. Juli 1918 steigerte sich das deutsche Artilleriefeuer und lag nun auch auf den Stellungen des 1. und 2. neuseeländischen Bataillons.

---

208 Jünger, Kriegstagebuch, Seite 414, 25. Juli 1918.
209 Jünger, In Stahlgewittern, Seite 601.
210 Ebenda, Seite 597.

Dort wunderte man sich, dass dem offensichtlich kein Infanterieangriff folgte, sondern dass das Feuer allmählich nachließ.[211] Die Wirkung des deutschen Artilleriefeuers traf aber auch eigene Stellungen und war im Abschnitt von Jüngers Kompanie fatal. Der Kompanieführer beschrieb das Ergebnis und seine Nachwirkungen in seinen Aufzeichnungen dieses Tages:

> *Um 11^{45} [Uhr] begann unsere Artl. auf Befehl der Division, ohne daß wir vorher benachrichtigt worden wären, ein wildes Feuer auf die fdl. Gräben vor uns. Das Feuer lag derart, daß unser Graben mehr Feuer bekam als der englische. Das Unheil ließ auch nicht allzu lange auf sich warten. Sanitäter wurden nach links gerufen, als ich mit ging, lag vor der Barrickade eine unförmige Leichenmasse. Es war der Vzfw. [Vizefeldwebel] Dietrich. Er war schauerlich zugerichtet; da er buchstäblich einen Volltreffer bekommen hatte. Der halbe Oberkörper lag im Graben, daneben irgend etwas, das früher mal ein Bein gewesen sein mochte. Die Granate hatte ihn förmlich ausgezogen. Ein zerfetzter Strumpf hing oben in einem Busch.**
> *Ich meldete sofort nach hinten und verlangte strenge Untersuchung. Wie ich nachher erfuhr, weigerte sich der Artl.-Kommandeur, das Schießen einzustellen, da er Befehl von der Division hätte.*
>
> **Durch dieselbe Granate war noch der Gefr. Ehlers schwer verschüttet, dem Füs. Ahrens waren beide Hände fast abgeschlagen und Füs. Horn ganz leicht verwundet worden.*
>
> *Der Nachmittag verlief ohne bes. Ereignisse, ich ließ noch über die Reste von Dietrich eine Zeltbahn breiten, um die Leute nicht durch den ständigen Anblick noch mehr zu entnerven. Der Graben sah überhaupt noch aus wie eine Fleischbank, trotzdem die Toten schon fortgeschafft waren. Überall lag Blut, Gehirn und Fleischfetzen, auf denen sich die Fliegen sammelten.*[212]

Die Regimentschronik bestätigte, dass das Füsilierregiment auf Befehl der Division »von 11:00 bis 11:30 Uhr das zusammengefasste Feuer seiner Artilleriekräfte auf die vom Gegner genommenen Vorfeldteile legte, um

---

211 Byrne, History of the Otago-Regiment, Seite 314.
212 Jünger, Kriegstagebuch, Seite 414, 25. Juli 1918.

einen erneuten Angriffsversuch dadurch im Keime zu ersticken«.[213] Dass die vorn liegenden eigenen Truppenteile nicht informiert wurden, war eine tödliche Nachlässigkeit und möglicherweise auf die Unerfahrenheit der verantwortlichen Führer zurückzuführen. Offensichtlich kam es dabei zu den von Jünger beschriebenen unbeabsichtigten Kurzschüssen der Artillerie, die teilweise die eigenen Soldaten trafen.

Ein weiterer Beleg für die unzulängliche Führung des Regiments in dieser Phase der Kämpfe um das Wäldchen 125 ist der zeitliche Ablauf der Befehlsgebung für den nun folgenden deutschen Gegenangriff. Die Division hatte befohlen, dass nach der erfolgten Umgliederung alle verlorenen Grabenteile am gleichen Tag, dem 25. Juli, wieder zu nehmen seien. Geplant war, dass die für den Gegenangriff vorgesehenen Truppenteile bis um 19.30 Uhr ihre festgelegten Bereitstellungsräume zu beziehen hatten. Nach der Feuervorbereitung durch eigene Artilleriekräfte und Minenwerfer ab 19.45 Uhr sollten ab 20.00 Uhr fünf Stoßgruppen der Sturmkompanie (dabei auch zwei Gruppen von Jüngers 7. Kompanie) sowie drei bis vier Gruppen des I. Bataillons des Füsilierregiments 73 entlang der Straße von Puisieux nach Gommecourt angreifen.[214] Doch Jünger erhielt diesen Befehl laut seinem Tagebuch viel zu kurzfristig, um ihn noch umsetzen und an seine Soldaten weitergeben zu können:

> *Um 7^{15} [Uhr abends] bekam ich einen Befehl, nachdem um 7^{30} (!) ein starkes Artl.-Feuer einsetzen sollte, um 8^{00} sollten 2 Stoßtrupps der Sturmkomp. über die Barrickade setzen und den Heckengraben nach Rotpunkt t_1 zu aufrollen. 2 Gruppen 7/73 [also aus Jüngers 7. Kompanie] sollten folgen, eine Barrikade bauen und Posten ausstellen. Ich gab in aller Eile noch die nötigen Befehle, bestimmte Gruppe Meier und Lange und sprach noch kurz mit Ltn. Voigts[215], der den Stoßtrupp führte. Dann begab ich mich zum linken Flügel, setzte mich in einen Stollenhals und wartete der Sachen, die da kommen sollten. Als unsere Artl eine halbe Stunde lang geschossen hatte, ging*

---

213 Voigt, Regimentsgeschichte, Seite 686.

214 Ebenda, Seite 687.

215 Leutnant Werner Voigts hatte bereits drei Tage vorher als Stoßtruppführer gemeinsam mit Ernst Jünger einen Teil des Grabens aufgerollt. Voigts ist an diesem 25. Juli 1918 gefallen. Vgl. Voigt, Regimentsgeschichte, Stellenbesetzung des Füsilierregiments 73 am 21. März 1918.

ich zur Barrickade und ließ, als ich vorn das Handgranatenkrachen der Sturmtrupps hörte, die Gruppe Meier antreten. Mehr zum Spaß ging ich hinterher, um die Besetzung [des Grabens] zu leiten und nahm zu dem Zweck eine Handgranate mit.[216]

Man erkennt an dieser Schilderung deutlich, dass Jünger seine Kompanie in der kurzen verfügbaren Zeit nicht mehr vernünftig einweisen konnte. Jedoch wird auch die ganze Routine und Erfahrung, ja Kaltblütigkeit im vierten Kriegsjahr deutlich: Jüngers Soldaten und seine Unteroffiziere brauchten keine umfängliche Befehlsgebung mehr (»Ich gab in aller Eile noch die nötigen Befehle, bestimmte Gruppe Meier und Lange und sprach noch kurz mit Ltn. Voigts«). Umfangreiche Absprachen mit dem Stoßtruppführer erübrigten sich, man kannte sich und wusste offenbar, was zu tun war.

Das sich dann während dieses Gegenstoßes ergebende Handgemenge mit den Neuseeländern im Heckengraben hat Ernst Jünger wiederum sehr ausführlich in seinem Tagebuch beschrieben. Auch über diese Situation hat Jünger eine schematische Skizze angefertigt (siehe Abbildung 6), anhand derer die folgende dramatische Schilderung leichter nachvollzogen werden kann. Die Angabe der Rotpunkte k, t_1 und z_1 erlaubt wieder die genaue Verortung auf der Handkarte Jüngers (Abbildung 3).

Das Tagebuch hielt von den Ereignissen am 25. Juli 1918 fest:

Wir flitzten von Schulterwehr zu Schulterwehr, da infolge des Handgranatenkrachens die Gewehre der ganzen Gegend sich nach uns richteten. Plötzlich sahen wir, wie eine Gruppe Engländer aus dem Heckengraben in die rechts abzweigende Linie rannten, frecherweise über Deckung. Wir pausierten und schossen nach den Brüdern. Es ging weiter am ersten englischen Graben vorbei, bis wir an den links abzweigenden Graben kamen, der südl. Rotpunkt z_1 nach Westen in die Mulde führt. Ich war schon vorbei an der Kreuzung, als der Utoffz Meier plötzlich in höchster Erregung aufschrie und mir am Kopf vorbei nach links schoß. Ich ging einige Schritt zurück, da ich mir sein Benehmen nicht erklären konnte und erblickte im linken Graben einige Meter von mir einen athletischen Tommy und hörte

216 Jünger, Kriegstagebuch, Seite 415, 25. Juli 1918.

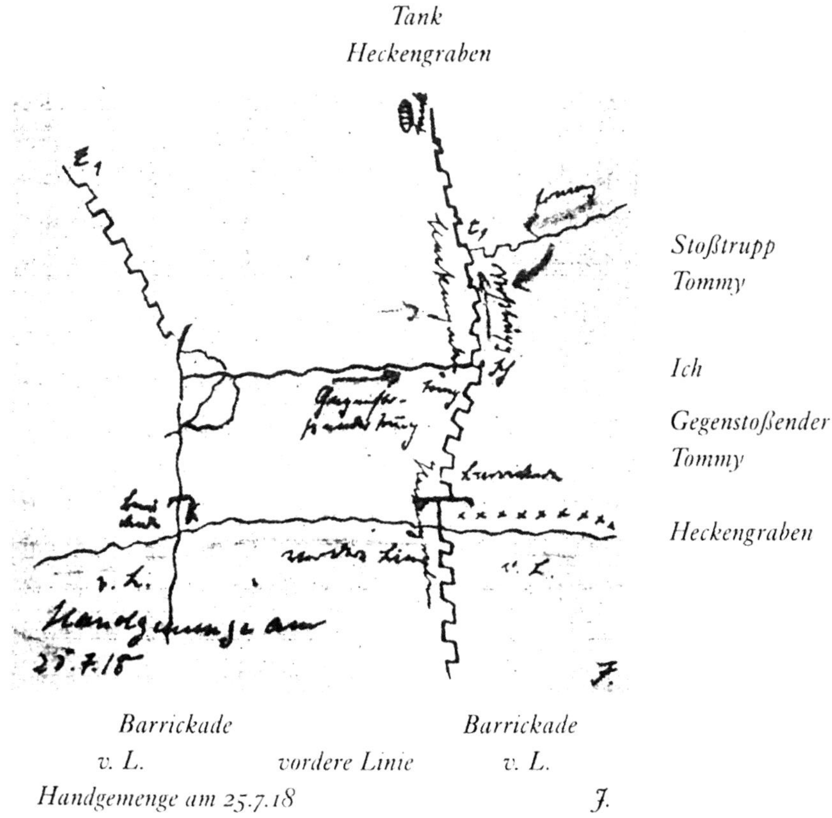

Abbildung 6: Skizze aus Jüngers Tagebuch zum Handgemenge am 25. Juli 1918

gleichzeitig das Geschrei anderer, die anscheinend über Deckung ankamen. Der Tommy schleuderte eine Handgranate in der Richtung auf Meier, der nach vorn ausriß. Ich riß meine Zündschnur ab und schleuderte meine Handgranate in wohlgezieltem Bogenwurf dem Tommy vor die Füße. Gleichzeitig hieß es Fersengeld geben, da ich nur diese eine Handgranate hatte. Hinter mir lief als einziger der kleine Wilzek. Eine mir nachgeschleuderte Handgranate zerriß ihm Koppel und Hosenboden, ohne ihn weiter zu verletzen.

Kaum war ich wieder an der Barrickade, als ich Leute zum Gegenstoß aufrief, denn es war mir klar, daß der Stoßtrupp und meine Leute vorn abgeschnitten waren. Es gingen mit: Fahnj.Utoffz Mohr-

mann, Gefr. Willenborg, Gefr. Hoops. Kaum waren wir ein paar Schulterwehren weiter vor, als uns reichlich einschlagende Flaschenminen zur Umkehr zwangen. Ich bekam mehrere kleinere Splitter [ab], die aber nicht durchdrangen. Anschließend setzte uns der Engländer ein ganz gewaltiges Artl.-Feuer auf die Stellung, so daß mir ziemlich schwül wurde. Ich setzte mir einen Stahlhelm [auf] und beobachtete. Wirklich kam der Tommy auf einer unserer parallel laufenden Linie heraus. Neben mir stand ein junger Krieger, der mit seinem l. M.G. nicht fertig wurde, wir nahmen deshalb Gewehre und schossen. Der Tommy kehrte wirklich wieder um, ich nahm daher eine kleinere Patr-Vorfühlung an.
Das Artl.-Feuer wurde immer toller und saß ausgezeichnet. Auf dem Wege nach meinem Bunker schlug irgendetwas neben mir ein und riß mir den Stahlhelm vom Kopfe, daß er nicht wiederzufinden war. Kaum saß ich einen Augenblick im Bunker, als auch schon oben einer auf die Kante haute und die Bude mit beißendem Qualm erfüllte. Es waren sehr unangenehme Viertelstunden, besonders da man auch noch aufpassen musste, ob der Bruder antrat. Während des Feuers wurde Füs. Popken an der Hand, FahnjUtoffz Lange am Fuß verwundet. Endlich flaute die Sache etwas ab. Ein Gang durch den Graben zeigte, daß alles umgewühlt war. Ich schickte nochmal eine Patr. den Wiesengraben entlang, die feststellte, daß der Engländer immer noch an seinem alten Platze war, wo ich mit ihm zusammengestoßen war. Also mußten die [eigenen] Leute sich wohl schon ergeben haben oder vernichtet sein. Da ich nur mehr 16 Mann hatte, bildete ich 2 Schützennester, eins an der Barrikade, eins bei meinem Bunker.[217]

Soweit die detaillierte dramatische Schilderung des Gegenstoßes vom 25. Juli 1918, bei der Ernst Jünger im Heckengraben in eine tödliche Situation geriet, aus der ihn nur die Geistesgegenwart eines Unteroffiziers rettete. In seiner Lageskizze hatte Jünger seinen eigenen Standort mit der Bezeichnung »Ich« vermerkt, er befand sich noch südlich des Rotpunkts t_1 und damit etwa 200 m südlich der Ausläufer des Wäldchens 125.

Bemerkenswert ist auch der sprachliche Stil, in dem Jünger die Ereignisse und seine Rolle dabei beschrieb: Er schildert sich selbst als abge-

217 Jünger, Kriegstagebuch, Seite 416 f., 25. Juli 1918.

brühten und furchtlosen Kompanieführer, der die Sache nicht ganz so ernst nahm (»Mehr zum Spaß ging ich hinterher ...«), der eine lockere Ausdrucksweise nutzte (»schossen nach den Brüdern«, »... hieß es Fersengeld geben ...«) und der aber dennoch seine Führungsrolle bei dieser Begegnung deutlich ansprach (»... als ich Leute zum Gegenstoß aufrief, ...«).

Jünger bezifferte in seinem Tagebucheintrag des folgenden Tages die Verluste des überstürzten Angriffs und der nachfolgenden Ereignisse:

> *Die Verluste des gestrigen Tages betragen:*
> *1 Vzfw tot*
> *1Vzfw. 1 Fahnj.Utoffz, 4 Mann verw.[verwundet]*
> *1 Utoffz, 9 Mann vermisst.*[218]

Die Neuseeländer hatten ihrerseits die deutschen Vorbereitungen zu einem Infanterieangriff rechtzeitig erkannt. Die Geschichte der Otago-Rifles beschreibt, wie ein deutscher Stoßtrupp »consisting of one officer and 20 men« die Stellung des Leutnants H. Holden angriff und im konzentrierten Feuer der Lewis-Maschinengewehre und Gewehre erfolgreich zurückgeschlagen wurde, »a number being killed«.[219] Vor dem zweiten neuseeländischen Bataillon griffen die Deutschen in größerer Stärke an. Hier vermuteten die Neuseeländer insgesamt drei angreifende Stoßtrupps mit jeweils etwa 40 Mann. Während zwei Stoßtrupps abgewiesen werden konnten, sei es den deutschen Truppen ganz rechts gelungen, in die neuseeländischen Stellungen einzubrechen. Ein rasch durch nicht gebundene neuseeländische Truppenteile organisierter Gegenstoß unter der Führung des Oberleutnants C.F. Atmore griff die eingebrochenen Deutschen an. Unterstützt wurde er durch einen Trupp von Leutnant Malcolm, der, ohne Deckung zu nehmen, rasch angriff und zum Bajonettkampf überging.[220] Der neuseeländische Gegenstoß sei mit solcher Wucht und Bestimmtheit erfolgt, dass alle angreifenden Deutschen dabei entweder getötet oder verwundet wurden. Die neuseeländischen Stellungen seien damit erneut in Besitz genommen worden.

---

218 Jünger, Kriegstagebuch, Seite 417, 26. Juli 1918.
219 Byrne, History of the Otago-Regiment, Seite 314.
220 Ebenda, Seite 315.

Auch aus den Aufzeichnungen des Füsilierregiments 73 erfährt man, dass die Stoßgruppen auf Widerstand stießen und unter MG-Feuer gerieten – deren Führer Leutnant Petersen wurde sofort verwundet –, während die linke Abteilung unter Leutnant Voigts in die Bereitstellung eines gegnerischen Angriffs geriet. Wie auch durch Jünger geschildert, wurden die Sturmgruppen dabei abgeschnitten und gefangen genommen.[221] Leutnant Voigts wehrte sich bis zuletzt gegen die Gefangennahme und fiel.

Leider gibt es in der neuseeländischen Regimentsgeschichte keine Kartenskizzen oder genauere Angaben, in welchem Bereich welche militärischen Handlungen stattgefunden haben. Dadurch lässt sich nicht mit gesicherter Bestimmtheit feststellen, welcher deutsche Stoßtrupp durch welchen neuseeländischen Zug zurückgeworfen wurde. Auffallend sind aber in jedem Fall die genaue zeitliche Übereinstimmung und die grundsätzliche Abfolge von Angriff, Gegenstoß und letztendlichem Fehlschlag der deutschen Angriffsbemühungen mit erheblichen Verlusten.

Die neuseeländische Regimentsgeschichte vermerkt nach diesem Gefecht etwa 30 deutsche Gefangene, von denen die Mehrzahl verwundet war. Im Abschnitt des stärker angegriffenen 2. Bataillons wurden nahezu 60 gefallene Deutsche gezählt. Zu diesen in den Grabenkämpfen verwundeten und gefallenen Deutschen seien noch erheblich mehr durch Artilleriefeuer verwundet oder getötet worden. Doch die Regimentsgeschichte erwähnt auch, dass es nur einem Zufall zu verdanken war, dass der Gegenangriff der Deutschen für die Neuseeländer erfolgreich endete: Wäre das deutsche Artilleriefeuer und der folgende Infanterieangriff nur wenige Minuten später gegen die neuseeländischen Stellungen gerichtet worden, so hätte sich die neuseeländische Seite mitten in der Ablösung befunden, einer Situation, in der es zu einer gefährlichen Massierung von Truppen in den vorderen Stellungen gekommen wäre. Doch zum Glück für die Otago-Rifles hätte man gerade noch rechtzeitig entsprechende Befehle geben können, die Ablösung auszusetzen, bis die Lage geklärt war. Die ablösenden Truppenteile der 3. neuseeländischen Brigade mussten danach ein Stellungssystem übernehmen, das in weiten Teilen durch das heftige Artilleriefeuer völlig eingeebnet worden war.[222]

---

221 Voigt, Regimentsgeschichte, Seite 687.
222 Byrne, History of the Otago-Regiment, Seite 315.

Für das Füsilierregiment 73 fiel die Bilanz geradezu vernichtend aus: »Drei schwere Kampftage hat das Regiment durchlebt. Die Verluste betrugen 133 Unteroffiziere und Mannschaften, 7 Offiziere, davon vier Tote, bei ohnehin geringer Kampfstärke; so zählte die 10. Kompanie nach der ersten Kampfhandlung nur noch 15 Gewehre. Das Regiment meldet daraufhin, daß es die Verantwortung für die Sicherheit des Grabenabschnittes nur dann zu tragen in der Lage sei, wenn die Kampfführung auf das Halten der Hauptwiderstandslinie beschränkt bleibe.«[223] Das Füsilierregiment 73 konnte aufgrund dieser enormen personellen Verluste keine eigene, initiative Gefechtsführung mehr verfolgen. Es fehlten Kräfte für Stellungen in der Tiefe oder auch für notwendige Gegenstöße. Damit konnte das Regiment in der derzeitigen Stärke seinen Auftrag nicht erfüllen und wurde am 29. Juli 1918 durch das Infanterieregiment 164 in der Stellung am Wäldchen 125 abgelöst.

Ernst Jüngers 7. Kompanie zählte zu diesem Zeitpunkt gerade noch 15 Soldaten.[224]

f. Militärische Leistungsfähigkeit in der Schlussphase des Ersten Weltkriegs

Was versetzte die deutschen Truppen in die Lage, sich auch noch im Sommer und Herbst 1918 gegenüber einem personell und materiell überlegenen Gegner seit immerhin vier Jahren zu behaupten und diesem in der Schlussphase des Ersten Weltkriegs weiterhin hohe Verluste zuzufügen? Was brachte den einzelnen Soldaten dazu, in einer schwierigen militärischen Lage angesichts hoher personeller Verluste und einer immer schlechter werdenden Versorgung weiter auszuhalten und auf der taktischen Ebene zu bestehen? Von welcher »Motivation« kann man also bei Ernst Jünger und seinen Soldaten der 7. Kompanie des Füsilierregiments 73 aus Hannover während der Kämpfe um das Wäldchen 125 im Juni und Juli 1918 ausgehen?

War in der Mobilisierungsphase im August 1914 in der bürgerlichen Mittelschicht und bei Intellektuellen zunächst eine Welle der nationalen

223 Voigt, Regimentsgeschichte, Seite 688.
224 Schwilk, Jahrhundertleben, Seite 192.

Begeisterung festzustellen, so fügten sich auch die ländliche Bevölkerung und die Arbeiterschaft in das Schicksal eines Krieges, der aus ihrer Sicht die Nation bedrohte. Doch die Aussicht vom Kampf für ein größeres Deutschland und vom Opfertod für Kaiser und Vaterland »verlor unter den konkreten Bedingungen des mechanisierten Massenkrieges schon bald jegliche Glaubwürdigkeit«.[225] Die meisten Soldaten wollten schlicht ihre Familie und die Heimat verteidigen und diese nicht schutzlos dem Gegner ausliefern. Die Mehrheit war daher bereit, »den Militärdienst mehr oder weniger willig für eine gewisse Zeit zu verrichten; eine Grundhaltung, die sich im Laufe des Krieges vielfach in der Redewendung ›Es muss eben sein‹ widerspiegelte.«[226] Die politisch bemühten Kriegsbegründungen verfingen bei den einfachen Soldaten nicht. Vielmehr waren die Gesinnung, die Gewohnheit und schließlich Zwang die ausschlaggebenden Faktoren. Ein französischer Soldat bemerkte im Juli 1916, dass »der einfache Soldat kämpfe, weil er nicht anders kann. Er kämpft ferner, weil an die Stelle der Begeisterung des Anfangs und der Entmutigung des ersten Winters im zweiten Kriegsjahr die stille Ergebenheit ins Unabänderliche trat.«[227]

Untersuchungen einzelner militärischer Einheiten und Verbände[228] kommen zu dem übereinstimmenden Ergebnis, dass sich der einzelne Soldat angesichts der konkreten Bedrohungserfahrung im Krieg zurückgeworfen sah auf die für ihn unmittelbar erlebbare kleine Kampfgemeinschaft, auf die Solidarität mit seinen engsten Kameraden und auf die Loyalität gegenüber der eigenen Gruppe. Dies war seine in den Grabenkämpfen etwa zehn Mann umfassende Primärgruppe.[229] Für sein unmittelbares militärisches Umfeld »kämpfte er unter den widrigsten Umständen mit dem Ziel gemeinsamen Überlebens, nicht für abstrakte Ideale wie das Vaterland und schon gar nicht für wie auch immer geartete ›positive‹ Kriegsziele. Für die große Mehrheit der Soldaten wurde die militärische Einheit, der sie angehörten, zum ersten und wichtigsten Bezugspunkt

---

225 Mommsen, Kriegsalltag, Seite 130.

226 Stachelbeck, Heer und Marine, Seite 188.

227 Zitiert bei: Leonhard, Büchse der Pandora, Seite 554.

228 Vgl. maßgeblich: Stachelbeck, Effektivität, der die 11. Bayerische Infanteriedivision in den Jahren 1915 bis 1918 intensiv untersucht hat.

229 Stachelbeck, Heer und Marine, Seite 200.

ihrer inneren Einstellung zum Kriege.«[230] Zwar waren auch diese kleinen Bezugsgruppen einer ständigen Fluktuation ausgesetzt durch Verluste, Verwundungen, Versetzungen oder Heimaturlaube, blieben aber dennoch von zentraler Bedeutung für den Zusammenhalt.

Dabei spielte die landsmannschaftliche Zusammensetzung der Einheiten und Verbände wie beispielsweise im hannoverschen Füsilierregiment 73 eine wichtige Rolle. Weiterhin muss auch ein grundsätzliches soldatisches Selbstverständnis berücksichtigt werden, das abhängig war von der konkreten Situation, von der räumlichen Nähe zur Front und der Aufgabe, die es zu erfüllen gab. So wollten die Männer keinesfalls als Feiglinge vor ihren Kameraden dastehen, überwanden daher selbst unter den extremen Bedingungen der Materialschlachten ihre Ängste und blieben dadurch verlässliche, berechenbare Soldaten.

Dazu zählten aber auch Vorgesetzte der unteren Führungsebenen innerhalb der Kompanien, die die Härten des Grabenkriegs an der Westfront mit der Truppe teilten, wie z. B. Ernst Jünger.[231] Durch die hohen Verluste an Offizieren in den ersten Kriegsmonaten wurde der dringend benötigte Offiziernachwuchs unmittelbar in der Truppe gewonnen und ausgebildet. Junge Offiziere ohne Erfahrungen aus dem Garnisonsdienst im Frieden, aber mit konkreten Erfahrungen aus den Grabenkämpfen prägten im weiteren Verlauf des Krieges das Bild »der Frontoffiziere als erfahrene Führer vor Ort«.[232] Aus Sicht der unterstellten Soldaten waren ein erlebbares Fürsorgeverhalten, die Vorbildfunktion sowie die Kampferfahrung eines Vorgesetzten wichtige Kriterien, an denen die eigene Gefolgschaft festgemacht wurde.[233] Diese enge Verbundenheit zwischen Vorgesetzten und Untergebenen und damit der Bezugsrahmen für die Motivation der Soldaten innerhalb des Füsilierregegiments 73 selbst in den letzten Kriegsmonaten zeigt sich auch in Ernst Jüngers Tagebuchaufzeichnungen aus dem Juni und Juli 1918, wenn er beispielsweise bei seiner Rückkehr zum Regiment freudig begrüßt wurde: »Ein Mann

---

230 Mommsen, Kriegsalltag, Seite 130.

231 Hierzu: Strachan, Hew: The Morale of the German Army 1917–1918, in: Facing Armageddon. The First World War Experienced, hrsg. von Hugh Cecil, Peter H. Liddle, London (Pen & Sword) 1996, Seiten 383–398.

232 Leonhard, Büchse der Pandora, Seite 552.

233 Stachelbeck, Heer und Marine, Seite 197.

sprang mir entgegen und nahm meine Sachen ab und sagte, daß sich die Komp. über meine Rückkunft sehr freute.«[234] Jünger war »stolz auf seinen Gefolgschaft sichernden Führungsstil«.[235] Auch die Episode um den durch einen Granatsplitter verwundeten Sanitäter Kenziora verdeutlichte den Umgang und das Klima innerhalb Jüngers Kompanie:

> *[...] Ich ging gleich hin und wollte ihn trösten, er sagte jedoch mit Bestimmtheit: ›Der Schuß ist tödlich, das fühle ich ganz genau.‹ Ich ging mit zum Verbandplatz, [...] Als er weggetragen wurde, sagte er noch: ›Lassen Sie's sich gut gehen, Herr Leutnant.‹ Solcher Ausspruch aus dem Munde eines Schwerverwundeten ist jedenfalls kein schlechtes Zeichen für einen Offizier.*[236]

Dieses Beispiel belegt ein wohlverstandenes fürsorgliches Führungsverhalten Ernst Jüngers, das wesentlich zum Zusammenhalt und zum militärischen Funktionieren seiner Einheit beigetragen hat. Den kameradschaftlichen Zusammenhalt und den inneren Geist im Füsilierregiment 73 muss man im Hinterkopf behalten, wenn man den Zusammenbruch des deutschen Heeres und die militärische Niederlage nur drei Monate später näher untersuchen will. Einige ältere Forschungsansätze führten den Zusammenbruch im Herbst 1918 auf einen »verdeckten Militärstreik« zurück.[237] Wilhelm Deist argumentierte, dass sich nach dem erneuten Übergang zum Stellungskrieg nach den erfolglosen deutschen Frühjahrsoffensiven 1918 eine »mit unterschiedlicher Stärke verbreitende Hoffnungslosigkeit der Soldaten an den Angriffsfronten«[238] zu einem verdeckten Militärstreik ausweitete. So sei es zu unterschiedlichen, allgemeinen Verweigerungshaltungen der Soldaten gekommen, die in keiner Weise gesteuert oder organisiert waren, die in ihrer Gesamtheit aber zu einem Autoritätsverlust der Vorgesetzten und schließlich dem Zusammenbruch des Westheeres geführt hätten. Auch Ernst Jünger deutete individuelle Verweigerungen an: »... mußte mich noch über das Verschwinden des

---

234 Jünger, Kriegstagebuch, Seite 399, 4. Juni 1918.

235 Schwilk, Jahrhundertleben, Seite 151.

236 Jünger, Kriegstagebuch, Seite 403 f., 18. Juni 1918.

237 Deist, Wilhelm: Verdeckter Militärstreik im Kriegsjahr 1918? in: Der Krieg des kleinen Mannes. Eine Militärgeschichte von unten. Hrsg. von Wolfram Wette, 2. Aufl., München/ Zürich (Piper)1992.

238 Ebenda, Seite 148.

Füs. Noll ärgern, eines Mannes, dem ich am Nachmittag mitgeteilt hatte, dass sein Versetzungsgesuch zum Regiment 443 nicht bewilligt worden wäre.«[239]

Die innere Verfasstheit der deutschen Truppenteile ließ sich auch durch die Auswertung von Feldpostbriefen nachzeichnen. Seit dem Jahr 1916 wurden Feldpostbriefe der Soldaten stichprobenartig auf Ebene der Divisionen und Armeeoberkommandos ausgewertet. Die dort erstellten Feldpostüberwachungsberichte waren in der Regel um eine objektive Darstellung bemüht und gaben mit zahlreichen Zitaten einen guten Überblick über die Stimmung in der Truppe.[240] Aus diesen Berichten konnte ein deutlicher Einstellungs- und Verhaltenswechsel der deutschen Soldaten im letzten Kriegsjahr festgestellt werden, wofür zwei Erklärungsansätze angeführt wurden: Da waren einerseits die bereits angesprochenen Missstände und Offizierprivilegien im wilhelminischen Klassenheer, die im Untersuchungsbericht von Hobohm zu den Ursachen des deutschen Zusammenbruchs angeführt wurden. Da war auf der anderen Seite aber auch das im Verlauf des Krieges und vor allem im letzten Kriegsjahr ständige Wechselspiel zwischen hohen Erwartungen von militärischen Erfolgen und bittere Enttäuschungen. Die Soldaten erlebten so ein »Gefühl der absoluten Ohnmacht all diesen Geschehnissen gegenüber, das lähmend auf sie wirkte«.[241] Hinzu kam in den letzten Kriegsmonaten seit Sommer 1918 eine allgemeine physische und psychische Erschöpfung in einem Grad, der sich kaum mehr steigern ließ. Seit August 1918 mehrten sich Stimmen von Truppenführern, die »die unbedingte Ruhebedürftigkeit ihrer Mannschaften erkannten und sie in realistischen Worten als ›abgespannt‹, ›kampfesmüde‹ und ›matt‹ beschrieben«.[242] Als die letzte große Kraftanstrengung zur Beendigung des Krieges im März 1918 trotz erheblicher Anfangserfolge eben doch kein Ende der Kämpfe brachte,

---

239 Jünger, Kriegstagebuch, Seite 408, 18. Juli 1918.

240 Benjamin Ziemann hat diese Feldpostüberwachungsberichte ausgewertet: Ziemann, Benjamin: Enttäuschte Erwartung und kollektive Erschöpfung, in: Kriegsende 1918. Ereignis, Wirkung, Nachwirkung, im Auftrag des Militärgeschichtlichen Forschungsamtes hrsg. von Jörg Duppler und Gerhard P. Groß, München (R. Oldenbourg) 1999, Seiten 165–182.

241 Ziemann, Enttäuschte Erwartung, Seite 181.

242 Ebenda.

konnte man ein »rapides Sinken der einmal durch Kriegspropaganda und Vaterländischen Unterricht hochgepeitschten Stimmung«[243] feststellen. Solchermaßen enttäuschte Erwartungen und kollektive Erschöpfung führten dann zum Zusammenbruch des Herrschaftssystems im deutschen Heer an der Westfront.

Sicherlich kann festgestellt werden, dass ein gefestigter innerer Zustand der Truppe bereits seit 1916 durch die enormen Verluste und die sich stetig verschlechternde Versorgungslage allmählich zu bröckeln begann. Gehorsamsverweigerungen und Disziplinlosigkeiten zeigten sich im Sommer 1917 vor allem in der Hochseeflotte. Während der Truppentransporte von der Ostfront an die Westfront Anfang des Jahres 1918 entfernten sich bis zu zehn Prozent der Mannschaften von der Truppe.[244] Die letzten übergroßen Kraftanstrengungen des Heeres und die enorm hohen Verluste in den März- und Juli-Offensiven 1918 beschleunigten diesen Prozess. Dennoch gelang es bis weit ins Jahr 1918 hinein, die Truppe, wie beispielsweise das Füsilierregiment 73, immer wieder zuverlässig und militärisch funktionell an der Front einzusetzen. Dieser scheinbare Widerspruch zwischen Friedenssehnsucht und Desillusionierung der Soldaten einerseits und Durchhaltewillen sowie einer erhöhten Kampfmotivation andererseits beschreibt einen fortlaufenden schwankenden Spannungsbogen. Wobei Friedenssehnsucht und die Hoffnung auf ein Ende des Leidens an der Front auch die Kampfmotivation wesentlich steigern konnten. Eine allgemeine Hoffnungslosigkeit oder gar Disziplinlosigkeit lässt sich in Jüngers Tagebuchaufzeichnungen vom Juni und Juli 1918 jedenfalls nicht belegen. »Schließlich blieb die Erfahrung des Mitmachens und Durchhaltens, also normgerechtes Verhalten, bis in das Jahr 1918 hinein unter den Soldaten dominant, was sich allein mit militärischem Zwang nicht erklären lässt. Die Widerstandskraft der Soldaten zeigte sich erstaunlich robust.«[245]

---

243 Thoß, Bruno: Militärische Entscheidung und politisch-gesellschaftlicher Umbruch. Das Jahr 1918 in der neueren Weltkriegsforschung, Seite 24, in: Kriegsende 1918. Ereignis, Wirkung, Nachwirkung, im Auftrag des Militärgeschichtlichen Forschungsamtes hrsg. von Jörg Duppler und Gerhard P. Groß, München, (R. Oldenbourg) 1999, Seiten 17–37.

244 Stachelbeck, Heer und Marine, Seite 185.

245 Ebenda, Seite 184.

Insgesamt kann man bei Ernst Jünger und seinen Soldaten wohl davon ausgehen, dass im Sommer 1918 zwar kein überschwänglicher Kriegsenthusiasmus mehr vorhanden war, aber eben auch kein grundlegender Wille zu einer völligen Verweigerung. Vielmehr muss man von einem weitverbreiteten Pflichtgefühl den Kameraden der eigenen Einheit gegenüber, aber auch der Familie und der Heimat insgesamt ausgehen. Diese Feststellung untermauern neuere Forschungsansätze, die den Zusammenbruch des deutschen Heeres im Herbst 1918 nicht als Folge einer zwar allgemein verbreiteten, jedoch individuellen massenhaften Verweigerungshaltung und Absetzbewegungen weg von der Front verstehen, sondern überwiegend als freiwilligen Gang geschlossener Truppenteile unter Führung ihrer Offiziere in die Gefangenschaft. »Vielmehr differenzierten die Soldaten sehr genau zwischen Stabsoffizieren in der Etappe und denen in der Todeszone der Front, wo die Kompanieführer die Lebensbedingungen und Gefahren teilten, denen ihre Mannschaften ausgesetzt waren.«[246]

Bei dieser Beschreibung und Einordnung der Geschehnisse im Juni und Juli 1918 am Wäldchen 125 wurde versucht, sich ganz eng an die Tagebucheintragungen Ernst Jüngers aus dieser Zeit zu halten. Dabei konnte ein ungeschöntes und unmittelbares Bild der Kampfhandlungen dargestellt werden, aber auch Eindrücke aus Jüngers Stimmungen und seiner Gemütslage während bzw. nach den verlustreichen Gefechten. Ernst Jünger erscheint dabei als kampferprobter, mutiger Draufgänger und Offizier, auf den militärisch unbedingter Verlass ist und dem seine Soldaten vertrauen – ein Bild, das er später in seinen Veröffentlichungen noch weiter herausarbeiten und schärfen sollte. Man erkennt aber auch einen teilweise unzufriedenen und frustrierten Offizier, der nach vier Kriegsjahren schon zu viel erlebt hat, dessen Leistungen aus seiner Sicht nicht genug gewürdigt wurden und der mit seinen Vorgesetzten und deren Befehlsgebung hadert. Im Tagebuch sparte er nicht mit teilweise ätzender Kritik.

In den folgenden Abschnitten dieser Untersuchung geht es um die literarische Verarbeitung dieser Erlebnisse. Zunächst steht das berühmte Erstlingswerk Jüngers, ›In Stahlgewittern‹ aus dem Jahr 1920, im Mittel-

246 Leonhard, Büchse der Pandora, Seite 552.

punkt der Betrachtung, in dem die Kämpfe um das Wäldchen 125 nur einen kleinen Teil einnehmen. In einem weiteren Kapitel soll dann die eigenständige Veröffentlichung ›Das Wäldchen 125. Eine Chronik aus den Grabenkämpfen 1918‹ aus dem Jahr 1924 näher untersucht werden.

Das Wäldchen 125 in den ›Stahlgewittern‹

»In Stahlgewittern. Aus dem Tagebuch eines Stoßtruppführers von Ernst Jünger. Kriegsfreiwilliger, dann Leutnant und Kompanie-Führer im Füs.-Regt. Prinz Albrecht v. Preußen (Hannov. Nr. 73) – Mit 5 Abbildungen und dem Bilde des Verfassers«[247] – so lautet der komplette Titel von Jüngers berühmtem Erstlingswerk, das 1920 im »Selbstverlag des Verfassers« in einer Auflage von 2.000 Exemplaren erschien.[248] Für seinen Biografen Helmuth Kiesel ist Ernst Jüngers Bericht »die mit Abstand bedeutendste, facettenreichste und einprägsamste Darstellung der entsetzlichen Erfahrungswirklichkeit des Ersten Weltkrieges aus der Hand eines deutschen Schriftstellers«.[249] Grundlage für diese Veröffentlichung waren die Tagebuchaufzeichnungen, die Jünger während des gesamten Krieges in seinen insgesamt 15 Notizheften festhielt.

Mit diesem Buch, so Jünger im ausführlichen Vorwort der Erstausgabe, wollte er den Lesern sachlich schildern, »was ein Infanterist als Schütze und Führer während des großen Krieges inmitten eines berühmten Regiments erlebt, und was er sich dabei gedacht hat«.[250] Daher beschrieb Jünger aus seiner subjektiven Sicht mit einer detailgetreuen Genauigkeit das Geschehen in seinem unmittelbaren Wahrnehmungsbereich zunächst als einfacher Soldat, dann als Offizieranwärter und später als Kompanieführer. Da war zunächst die Darstellung des ungeheuren Materialeinsatzes im modernen Krieg, die sich wandelnde Rolle des

247 Jünger, In Stahlgewittern, Seite 12.

248 Da Angehörige der Reichswehr wie Ernst Jünger nicht verlegerisch tätig sein durften, wurde die ursprüngliche Ortsangabe Hannover überklebt und trägt den Vermerk ›Verlag Robert Meier, Leisnig i. Sa.‹, wo Jüngers Vater eine Apotheke erworben hatte. Robert Meier war der Gärtner der Familie Jünger und ist als Kriegsversehrter mit Ernst Jüngers Vater von Rehburg nach Leisnig in Sachsen umgezogen. – Kiesel, in: Ernst Jünger-Handbuch, Seite 46.

249 Helmuth Kiesel im Vorwort des Herausgebers, in: Jünger, Kriegstagebuch, Seite 5.

250 Jünger, In Stahlgewittern, Seite 20.

Soldaten zu einem ›Arbeiter des Krieges‹, aber auch heldenhafte und romantisch-idealisierende Episoden im Verlauf des Krieges. Ihm kam es dabei nicht darauf an, eine Geschichte des Krieges an der Westfront zu schreiben oder eine Art Regimentsgeschichte. Überhaupt machte er sich weder in seinen Tagebuchaufzeichnungen noch bei der literarischen Ausarbeitung zu ›In Stahlgewittern‹ tiefer gehende Gedanken über den Krieg an sich. Eine weitere Einordnung der geschilderten Erlebnisse in einen größeren, strategischen Rahmen fehlte. Er wollte in erster Linie ›seinen‹ Krieg beschreiben. Daher finden sich auch ›In Stahlgewittern‹ keine weiteren einordnenden Erläuterungen, warum beispielsweise Jüngers Regiment zu einem bestimmten Zeitpunkt verlegt wurde oder was mit einem beschriebenen Einsatz bezweckt werden sollte. Die eigentliche Darstellung des Krieges in den ›Stahlgewittern‹ diente Jünger so gesehen nur als »Fundament«, als »Kulisse für seine Selbstheroisierung«.[251] Denn schon an der Erstausgabe wird deutlich: Jünger wollte sich als aktiv handelnder und tatkräftig zupackender Führer darstellen, der mit Todesverachtung allen Gefahren an der Front trotzte. Neben seinem (subjektiv gefärbten) sachlichen Erlebnisbericht wollte Jünger aber auch die Leistungen der deutschen Soldaten, insbesondere die der Infanterie, anerkannt wissen. Das Buch sollte ausweislich des Vorworts zur Erstausgabe als Erinnerung dienen »an die herrlichste Armee, die je Waffen trug, und an den gewaltigsten Kampf, der je gefochten wurde«.[252] Der Charakter als Erinnerungsbuch kann auch an der Widmung »Zur Erinnerung an meine gefallenen Kameraden« abgelesen werden. Jedoch geht es primär »in diesem Buch um Ernst Jünger, der den Anspruch erhebt, den Krieg ebenso ehren- wie heldenhaft überstanden zu haben«.[253]

Zur Erfüllung dieser Absichten mussten die originalen Tagebuchaufzeichnungen natürlich literarisch ausgearbeitet, stilistisch und sprachlich geformt sowie insgesamt für die Leserschaft strukturiert und angepasst werden. Daher begründen sich zunächst in der Erstausgabe von ›In Stahlgewittern‹ die schlichten Weglassungen von einzelnen Sachverhalten

251 Dempewolf, Eva: Blut und Tinte. Eine Interpretation der verschiedenen Fassungen von Ernst Jüngers Kriegstagebüchern vor dem politischen Hintergrund der Jahre 1920 bis 1930, Würzburg (Königshausen & Neumann) 1992, Seite 34.

252 Jünger, In Stahlgewittern, Seite 21.

253 Kiesel, in: Ernst Jünger-Handbuch, Seite 49.

und Vorkommnissen aus dem Tagebuch, die in das Bild einer heroisch kämpfenden Armee nicht passten: unmilitärische Vorkommnisse wie Streitereien im Offizierkorps oder Disziplinlosigkeiten, Alkoholgelage, erotische Bekanntschaften, unsoldatisches Verhalten wie Befehlsverweigerung oder Desertion, überhaupt viele Jünger persönlich betreffende Angaben wie aufkommende Selbstzweifel, sein gelegentlich durchscheinender Überdruss am Krieg oder Notizen über seinen körperlichen und seelischen Zustand. Oder, um es mit anderen Worten auszudrücken: »Gerade in den ›Stahlgewittern‹ idealisierte Ernst Jünger sich selbst und seine Taten bis zum Exzeß. Er ›vertuschte‹ das Häßliche, indem er es ästhetisierte, das Kleinliche, indem er es verschwieg, und das Alltägliche, indem er es kritisierte.«[254] So erklärt sich auch der Unterschied von über 100 Druckseiten Differenz, die die Erstausgabe von ›In Stahlgewittern‹ weniger aufweist als das gedruckte Kriegstagebuch gleichen Formats.[255]

Es wurden für die Niederschrift von ›In Stahlgewittern‹ einerseits viele alltägliche Details aus dem Tagebuch weggelassen, die zwar dem Tagebuchschreiber in seinem täglichen Erleben notierenswert erschienen, die aber für die spätere Gesamtdarstellung des Kriegserlebens Jüngers in den ›Stahlgewittern‹ entbehrlich waren. So fielen beispielsweise die Beschreibungen von Bombardements und Beschießungen aller Art in den ›Stahlgewittern‹ weniger detailliert als im Tagebuch aus. Andererseits wurden einzelne Passagen des Kriegstagebuchs inhaltlich präzisiert, ja ausgeschmückt, um bestimmte Botschaften damit besser zum Ausdruck zu bringen oder schlicht den Leser besser ins Bild zu setzen. So fügte Jünger in späteren Ausgaben erklärende Hinweise ein, die seinen Lesern mit einigem zeitlichen Abstand zu den Geschehnissen des Ersten Weltkriegs eine gewisse Orientierung geben sollten.

Bei späteren Überarbeitungen von ›In Stahlgewittern‹ verfolgte Jünger dann teilweise andere Ziele: Die unterschiedlichen Überarbeitungen für die jeweiligen neuen Ausgaben zielten nicht nur auf sprachlich-stilistische Verbesserungen, sondern auch auf eine inhaltliche Ausweitung und teilweise neue Bewertung bis hin zu einer Umdeutung des geschilderten Kriegsgeschehens. In diesen Überarbeitungen wird eben auch der

254 Dempewolf, Blut und Tinte, Seite 37.
255 Kiesel, in: Ernst Jünger-Handbuch, Seite 47.

Werk- und Kunstcharakter von Jüngers Kriegsschriften deutlich: Nach Helmuth Kiesel seien deshalb die Kriegsbücher Jüngers »nicht nur als Erfahrungsberichte zu lesen, sondern auch als literarische Werke, in denen die Kriegserfahrung eine poetische Umsetzung und nachträgliche ideologische Deutung erfährt«.[256]

Dies wird bei der Betrachtung der insgesamt sechs Überarbeitungen des Textes zwischen den Jahren 1922 und 1978 deutlich, die damit zu sieben mehr oder weniger unterschiedlichen Fassungen geführt haben. Jünger war es bei den Überarbeitungen für weitere Ausgaben einerseits wichtig, die überragende Bedeutung des Materialeinsatzes hervorzuheben, den gleichförmigen Rhythmus der »Mühle des Krieges« mit seinen brutal-erschreckenden, ja unmenschlichen Abschnitten. Neben dem passiven Aushalten, Ertragen und Erleiden wollte Jünger jedoch andererseits herausarbeiten, dass es selbst in den Materialschlachten des Ersten Weltkriegs Momente des individuellen Mutes, des tapferen Eingreifens und der kämpferischen Bewährung gab. Jünger ist es dabei gelungen, auch die »barbarisch-animalischen Entgrenzungserfahrungen, den Durchbruch des Willens zu töten«[257] zu skizzieren. »In der unverstellten Darlegung der psychophysischen Dimension des deutschen Frontsoldaten dürfte ein wesentlicher Grund dafür liegen, dass Jüngers ›In Stahlgewittern‹ von Anfang an auch von politischen Gegnern ein hohes Maß an Authentizität bescheinigt wurde.«[258] Für Ernst Jünger war klar, dass es trotz des anonymen und auf das Individuum keine Rücksicht nehmenden Sterbens möglich war, sich als Einzelner heroisch bewähren zu können. Er stellte »dem [der Kriegsmaschinerie] ohnmächtigen Ausgesetztsein die Bereitschaft und die Lust des Frontsoldaten entgegen, sich gleichsam mit Todesverachtung einen neuen Handlungsspielraum zu erschließen«.[259] Sein Biograf Heimo Schwilk erinnerte an Jüngers eigene Wahrnehmung und später bewusst stilisierte Selbstdarstellung als todesmutiger Kämpfer mit einem an Homer angelehnten Weltbild,

256 Kiesel, Ernst Jünger, Seite 116.

257 Krull, Wilhelm: Im Foyer des Todes. Zu Ernst Jüngers ›In Stahlgewittern‹ und anderen Texten über den Ersten Weltkrieg, Seite 33, in: Text und Kritik. Zeitschrift für Literatur, hrsg. von Heinz Ludwig Arnold, München, Heft 105/106 (1990), Seiten 27–35.

258 Krull, Foyer des Todes, Seite 33.

259 Ebenda, Seite 29.

dem das Schicksal Todesverachtung und Tollkühnheit verliehe.[260] ›In Stahlgewittern‹ lag damit – im Gegensatz zum persönlich geführten Kriegstagebuch – eine ganz bestimmte programmatische Absicht in Bezug auf das Publikum zugrunde. An dieser Absicht feilte Ernst Jünger mit seinen ständigen Überarbeitungen unablässig bis zur Ausgabe letzter Hand im Jahr 1978.

Bereits die zweite Fassung von ›In Stahlgewittern‹ von 1922 gab der Schilderung des Krieges einen eher abenteuerlichen Anstrich und wollte den Soldaten »einen landsknechtmäßigen Charakter zuschreiben«.[261] In der dritten Fassung von 1924 – also in einem direkten zeitlichen Zusammenhang mit der Veröffentlichung des ›Wäldchens 125‹ – wurde der ursprünglich eng am Tagebuch orientierte Text der ›Stahlgewitter‹ erweitert durch essayartige Einschübe und Reflexionen, eine Technik, die auch im ›Wäldchen 125‹ zur Anwendung kam. Inhaltlich arbeitete Jünger darin vor allem die technisch-materielle Seite des Krieges deutlicher aus, die den Typus des durch seine Kriegserlebnisse geformten, technisch orientierten und kompetenten, aber ebenso harten Frontkämpfers hervorgebracht habe. Jünger brachte dann in die dritte Fassung von ›In Stahlgewittern‹ (1924) erste Überlegungen zur Nation und zu einer nationalen Idee ein – ein Thema, das in großer Ausführlichkeit dann im ›Wäldchen 125‹ ausgebreitet werden sollte. So wies die Literaturwissenschaftlerin Eva Dempewolf durch einen Vergleich der Fassungen insgesamt 26 kürzere und längere Textbausteine nach, die nur und ausschließlich in der dritten Fassung von ›In Stahlgewittern‹ aus dem Jahr 1924 zu finden waren.[262] Ernst Jünger persönlich wandte sich um 1930 von dem verstärkten Nationalismus der 1920er-Jahre ab und wollte seine Veröffentlichungen auch nicht mehr zur Begründung einer nationalen Idee herangezogen wissen. Deutlich wurde diese Anpassung nicht nur durch das Streichen der Vorworte zu den neuen Fassungen von ›In Stahlgewittern‹, zum ›Wäldchen 125‹ sowie zu ›Feuer und Blut‹ um das Jahr 1935. Bei seiner dritten Überarbeitung für die vierte Fassung von ›In Stahlgewittern‹ aus dem Jahr 1934 wurden deshalb sämtliche nationalen Andeutungen konsequent gestrichen – eine

---

260 Schwilk, Jahrhundertleben, Seite 151.
261 Kiesel, Ernst Jünger, Seite 222.
262 Dempewolf, Blut und Tinte, Seite 172 f.

Tendenz, die auch für weitere Ausgaben des ›Wäldchens 125‹ galt. Doch dazu später mehr. Die dritte Überarbeitung von ›In Stahlgewittern‹ (1934) entsprach einer gründlichen Revision des gesamten Textes und führte zu etwa 1.700 Änderungen im Vergleich zur vorherigen Fassung, davon 685 inhaltlichen. »Der ›moderne Nationalismus‹ stand nicht mehr zur Diskussion, der ›neue Staat‹ und die ›völkischen Ideen‹ schienen ihm nicht mehr wünschenswert.«[263] Mithin wollte Jünger eine gewisse ›nationalistische Aufladung‹ der 1920er-Jahre in seinen Werken löschen.

Das Ernst Jünger-Handbuch kategorisiert die Überarbeitungstendenzen von ›In Stahlgewittern‹ in vier Leitbegriffe oder Thesen, die sich in den vergangenen Jahrzehnten aus vorliegenden Studien zu den einzelnen Fassungen von ›In Stahlgewittern‹ ableiten ließen:[264] Da sei zunächst die sogenannte »Finalitätsthese« nach Ulrich Böhme zu nennen, die der sprachlichen, stilistischen und kompositorischen Verbesserung diente.[265] Dazu zählten Überarbeitungen über die verschiedenen Fassungen hinweg zur Erhöhung der Genauigkeit durch nähere Erläuterungen und detaillierte Beschreibungen, aber auch das Ansprechen neuer Themen, das Streichen von persönlich bewertenden Ausdrücken (z. B. ›unangenehm‹, ›entnervend‹ usw.) oder das Abschwächen von Aussagen durch das Streichen von einzelnen Worten (wie ›sehr‹, ›groß‹, ›ganz‹).[266] Bei der sogenannten »Opportunitätsthese« Gerda Liebchens ließen sich bei der Überarbeitung und Anpassung des Textes von ›In Stahlgewittern‹ jeweils aktuelle politische Konstellationen bzw. eine sich weiterentwickelnde weltanschauliche Haltung Jüngers nachzeichnen.[267] So ließen sich auch Erweiterungen von ›In Stahlgewittern‹ durch neue Einsichten oder sich weiterentwickelnde Erkenntnisse erklären. Nach der wegweisenden Untersuchung von Eva Dempewolf habe Jünger bei den Überarbeitungen für 1934 und die erste Gesamtausgabe (1961) vor allem den Kern seiner Kriegserfahrungen

---

263 Dempewolf, Blut und Tinte, Seite 172.

264 Kiesel, in: Ernst Jünger-Handbuch, Seite 54 f. – Helmuth Kiesel beruft sich dabei auf die Studien von Ulrich Böhme (1972), Gerda Liebchen (1977) und Eva Dempewolf (1992).

265 Böhme, Ulrich: Fassungen bei Ernst Jünger, Meisenheim am Glan (Hain) 1972.

266 Vgl. Dempewolf, Blut und Tinte, Seiten 161–167.

267 Liebchen, Gerda: Ernst Jünger. Seine literarischen Arbeiten in den zwanziger Jahren. Eine Untersuchung zur gesellschaftlichen Funktion von Literatur, Bonn (Bouvier) 1977.

herausarbeiten wollen und daher eher zufällige oder augenblickliche Beschreibungen gestrichen (»Essenzialisierungsthese«). Schließlich führt Dempewolf für die Gesamtausgabe von 1961 noch eine Überarbeitungstendenz an, die sie als »Humanisierungsthese« bezeichnet und die vor allem Jüngers Kriegseinsatz »unter den Aspekten der Mitmenschlichkeit, der Verantwortlichkeit, des Überlebensglücks und der Anwandlungen von Schuldgefühlen und Trauer reflektierte«.[268] Für diese Fassung galt es Rücksicht auf ein »modernes« Publikum zu nehmen, das sich nicht an kaltblütigen und den Autor heroisierenden Formulierungen stören sollte.

Diese Überarbeitungskategorien für ›In Stahlgewittern‹ als Ganzes lassen sich auch in einzelnen Kapiteln jeweils nachweisen. Durch die seit 2013 vorliegende historisch-kritische Ausgabe von ›In Stahlgewittern‹ lassen sich alle Änderungen, Anpassungen und Ergänzungen in einem Detaillierungsgrad nachvollziehen, der keine Fragen mehr offen lässt. Von besonderem Interesse ist im Folgenden das Kapitel ›Englische Vorstöße‹, in dem die Geschehnisse der Monate Juni und Juli 1918 bei der erbitterten Verteidigung des Wäldchens 125 dargestellt werden. Doch gab es in den verschiedenen Fassungen von ›In Stahlgewittern‹ ebenso verschiedene Fassungen des Kapitels ›Englische Vorstöße‹. Das wird schon am bloßen Seitenumfang deutlich: Während das Kapitel in der Erstausgabe von ›In Stahlgewittern‹ von 1920 insgesamt etwa 14 Seiten umfasst, veränderte sich der Umfang über die insgesamt sechs Überarbeitungen, die Jünger von 1924 bis 1978 für weitere Ausgaben von ›In Stahlgewittern‹ in unterschiedlichem Ausmaß vorgenommen hat. War der Umfang des Kapitels in der Erstausgabe mit seinen etwa 14 Seiten nicht wesentlich geringer als die 16 Seiten aus dem Kriegstagebuch vergleichbaren Formats,[269] so belief sich der Umfang in der Fassung letzter Hand (1978) durch Einfügungen und Streichungen auf etwa 16 und ein halbe Seite und übertraf damit knapp den Umfang der ursprünglichen Tagebuchaufzeichnungen.

---

268 Kiesel, in: Ernst Jünger-Handbuch, Seite 55.

269 Jünger, In Stahlgewittern, Seiten 572–609. Von dieser Seitennummerierung ist jede zweite Seite wegen des Paralleldrucks der Erstausgabe von 1920 mit der Fassung letzter Hand von 1978 abzuziehen. Die verbleibenden 19 Seiten weisen noch größere Freistellen auf, die sich auf etwa fünf Druckseiten summieren. Somit ist von einem Druckumfang dieses Kapitels von 14 Seiten auszugehen – insgesamt also nur etwa zwei Seiten weniger als im vergleichbaren Druck der Tagebücher.

Wie schon die Kapitelüberschrift ›Englische Vorstöße‹ nahelegte, wurden in diesem Abschnitt von ›In Stahlgewittern‹ die Angriffe und geringen Geländegewinne der britischen Truppen im Juni und Juli 1918 sowie die Reaktion der deutschen Seite darauf dargestellt. Es handelte sich dabei um eine fast chronologische Darstellung der Geschehnisse in den Stellungen am Wäldchen 125, die sich eng an die Tagebuchaufzeichnungen hielten. Dabei wurde dem Wäldchen als solchem noch keine besondere symbolische Bedeutung beigemessen. Ja, in der Erstausgabe von ›In Stahlgewittern‹ wurde das Wäldchen 125 eher beiläufig erstmals nach drei Seiten (»Der linke Flügel des Regiments-Abschnitts schloß ein zerhacktes Gehölz das Wäldchen 125 ein«)[270] und insgesamt nur dreimal namentlich erwähnt. Bei späteren Überarbeitungen (1934) wurde hingegen die symbolhafte Bedeutung des Wäldchens für die Grabenkämpfe an der Westfront angedeutet: Das Wäldchen »war immer nur von wenigen Männern besetzt, aber es hielt sich lange, und so war es, weithin im toten Gelände sichtbar, ein Beispiel dafür, daß auch die gewaltigste Gegenüberstellung von Machtmitteln doch nur die Waage ist, auf der heute wie zu allen Zeiten das Gewicht des Menschen gewogen wird«.[271] Hier kann von einer Essenzialisierung gesprochen werden, wenn Ernst Jünger das Wäldchen 125 als symbolhaften Ort des Ringens der Kriegsgegner beschreibt.

Zunächst hielt sich Ernst Jünger am Anfang des Kapitels ›Englische Vorstöße‹ eng an seine Tagebuchaufzeichnungen. Er übernahm im Wesentlichen beschreibende Aussagen seiner Rückkehr zum Regiment, der Unterbringung der Truppe und zu seinen Tätigkeiten während dieser Ruhe- und Auffrischungsphase in der Nähe von Vraucourt. Auch der weitere Ablauf seines ersten Einsatzes in der Vorderen Linie hielt sich chronologisch, teils sogar unter Angabe des konkreten Datums aus seinen Notizen, an die im Kriegstagebuch niedergeschriebenen Aufzeichnungen.

Die nächtliche Anfahrt mit Lastwagen in die Nähe der künftigen Stellungen vor dem Wäldchen 125 wurde dagegen schon in der Erstausgabe von ›In Stahlgewittern‹ – abweichend von den Tagebuchaufzeichnungen – mit einer Beschreibung der Bedrohung durch Flugzeuge ergänzt:

270 Jünger, In Stahlgewittern, Seite 576.
271 Ebenda, Seite 589.

Oft mussten wir halten, wenn die Strahlenkegel der Fallschirm-Leuchtkugeln nächtlicher Bombenflieger das weiße Band der Straße aus dem Dunkel hoben. Nah oder fern wurde das vielfache Pfeifen der schweren Sprengpfeile von den rollenden Stößen der Einschläge verschlungen. Dann tasteten die unsicheren Arme der Scheinwerfer den dunklen Himmel nach den tückischen Nachtvögeln ab, Schrapnells zersprühten wie zierliches Spielzeug, und Leuchtgeschosse jagten in langer Kette gleich feurigen Wölfen hintereinander her.[272]

Im Tagebuch findet sich dazu keine Entsprechung. Die Ergänzung verdeutlicht den Lesern aber die aktuelle Bedrohungslage durch die alliierte Luftüberlegenheit.

Bei den ersten beiden Überarbeitungen von ›In Stahlgewittern‹ für die Ausgaben 1924 und 1934 wurden zur Erhöhung der Genauigkeit nähere Ergänzungen und detailliertere Beschreibungen eingefügt, die einer breiteren und nicht militärisch geprägten Leserschaft Zusammenhänge erläutern und als nicht bekannt vorauszusetzende Informationen liefern sollten. So wurde beispielsweise der Satz in der Erstausgabe »Je zwei Mann hausten in kleinen Erdlöchern, die durch sogenannte Siegfriedbleche gestützt waren« in der Ausgabe von 1934 ergänzt um die Erläuterung »..., oval gebogene Wellbleche von etwa einem Meter Höhe, mit denen wir die engen, backofenförmigen Unterschlupfe auskleideten«.[273]

Das Betreten des neuen Unterstands in den Stellungen am Wäldchen 125 und das Erscheinen seines Vorgängers in dieser Stellung wurden von Jünger in der Erstausgabe von ›In Stahlgewittern‹ für seine Leser bildhaft ausgemalt, ohne dass das Tagebuch einen Hinweis enthielte:

Ich stolperte über ein Gewirr von Beinen und brachte durch die Zauberformel »Ablösung!« Leben in die Bude. Einem backofenförmigen Loch entstieg eine Kette von Flüchen, dann erschienen nach und nach ein unrasiertes Gesicht, ein Paar ramponierte Achselstücke, eine verwitterte Uniform und zwei Lehmklötze, in denen

---

272 Jünger, In Stahlgewittern, Seite 572.
273 Ebenda, Seite 577.

> *wahrscheinlich die Stiefel steckten. Wir setzten uns zusammen an den sogenannten Tisch und erledigten das Geschäft der Übergabe, bei dem jeder versuchte, den anderen um ein Dutzend eiserner Portionen und einige Leuchtpistolen zu prellen. Dann würgte sich mein Vorgänger durch den engen Stollenhals ins Freie mit der Prophezeiung, daß das Dreckloch keine drei Tage mehr stehen würde. Ich blieb zurück als neuer Kapitän des Abschnitts A.*[274]

Seine Tätigkeit als Kompanieführer in der vorderen Stellung charakterisiert Jünger zu Beginn des Kapitels mit einem ironischen Kopfschütteln, weil er in seinem Unterstand

> *nur zuweilen durch Meldegänger und Ordonnanzen gestört wurde, die den umständlichen Papierkrieg selbst in diese entlegene Höhle trugen. Kopfschüttelnd konnte man dann zwischen den Einschlägen zweier Granaten neben anderen wichtigen Sachen die Neuigkeit lesen, daß dem Ortskommandanten von X. ein schwarzgefleckter Terrier, auf den Namen Zippi hörend, entlaufen wäre; wenn man sich nicht gerade mit grimmigem Humor in die Alimentationsklage der Dienstmagd Makeben gegen den Gefreiten Meyer vertieft hatte. Auch sorgten Zeichnungen und häufige Terminmeldungen für die nötige Abwechslung.*[275]

Zu dem auch im Kampfgraben offenbar üblichen ›Papierkrieg‹ findet sich im Kriegstagebuch kein Hinweis.

Während in den ersten Ausgaben von ›In Stahlgewittern‹ Personen lediglich mit dem Anfangsbuchstaben ihres Nachnamens genannt wurden, hat Jünger die Namen in späteren Ausgaben ausgeschrieben, wodurch er eine größere Lebendigkeit und Authenzität erreichte. So wurden in der Werkausgabe von 1961 insgesamt 46 Namen ausgeschrieben, schon für die fünfte Fassung aus dem Jahr 1935 waren zahlreiche militärische Abkürzungen wie H. W. L. (Hauptwiderstandslinie) aufgelöst worden.[276]

›In Stahlgewittern‹ wurden dann Ereignisse während des Einsatzes in den vorderen Stellungen bzw. in der Hauptwiderstandslinie vom 20. Juni

274 Jünger, In Stahlgewittern, Seite 574.

275 Ebenda, Seite 576.

276 Dempewolf, Blut und Tinte, Seite 163, mit weiteren Beispielen zu Ergänzungen und erläuternden Einschüben.

bis 20. Juli, die im Tagebuch fünf Druckseiten umfassen, kursorisch auf zwei Seiten zusammengefasst. Dazu wurden etwa die im Tagebuch beschriebenen Patrouillenunternehmen befreundeter Leutnants aus der Nachbarkompanie gegen englische Stellungen,[277] eine siebentägige Ruhephase oder auch die Neugliederung des Stellungssystems[278] des Füsilierregiments 73 weggelassen. Ebenfalls nicht erwähnt wurden an dieser Stelle von ›In Stahlgewittern‹ Notizen aus dem Tagebuch, die auf gesundheitliche Probleme bei Ernst Jünger schließen ließen. Die hygienischen Verhältnisse in den Stellungen und Gräben führten zu Entzündungen und Hautkrankheiten bei den Soldaten. Auch Jünger blieb davon nicht verschont: »Ging heute zum Schmieren in den Sanitätsunterstand, da ich mit [! mich] bei dem herrschenden Dreck mit Krätze infiziert habe.«[279] Schon eine Woche später, am 29. Juni 1918, vertraute Jünger seinem Tagebuch an: »Zu meiner unangenehmen Überraschung habe ich mir in diesen Tagen den Anfang einer Bartflechte zugelegt, die ich eifrig mit Jod bestreiche.«[280] Durch die anhaltenden Versorgungsschwierigkeiten waren besonders die deutschen Soldaten anfällig für Mangelerscheinungen und Infektionskrankheiten. Da die Angabe solcher Infektionen aber nicht in Jüngers Bild von einer heroisch und stolz kämpfenden deutschen Armee passte und Jünger zudem mit intimen Informationen zurückhaltend war, wurden entsprechende Hinweise aus dem Tagebuch nicht für ›In Stahlgewittern‹ übernommen.

Einzig der Hinweis auf die auf beiden Seiten der Front grassierende Grippeepidemie im Sommer 1918 fand Erwähnung:

> *Nachdem wir eine Woche in vorderer Linie gelegen hatten, mußten wir nochmals die Hauptwiderstandslinie besetzen, da unser Ablösungsbataillon durch die spanische Krankheit fast aufgelöst war. Auch von unseren Leuten meldeten sich täglich mehrere krank. Bei der Nachbardivision wütete die Grippe so stark, daß ein feindlicher Flieger Zettel abwarf, auf denen stand, daß der Engländer die Ablösung übernehmen würde, wenn die Truppe*

277 Jünger, Kriegstagebuch, Seite 405, 23. Juni 1918.
278 Ebenda, Seite 408, 18. Juli 1918.
279 Ebenda, Seite 405, 21. Juni 1918.
280 Ebenda, Seite 406, 29. Juni 1918.

nicht bald zurückgezogen würde. Doch erfuhren wir, daß sich die Epidemie auch auf der Gegenseite mehr und mehr ausbreitete. Bei uns traten noch verschärfend die schlechten Verpflegungsverhältnisse dazu.[281]

Interessant ist eine Ergänzung, die Jünger für die Ausgabe 1924 eingebracht hat und die eine nachdenkliche Stimmung beschreibt, eine Ergänzung, die sicher erst mit einem gewissen zeitlichen Abstand erfahren und niedergeschrieben werden konnte:

Nachts brachen schwere Beschießungen wie kurze, verheerende Sommergewitter über uns herein. Dann lag ich mit einem eigentümlichen und unbegründeten Gefühl der Sicherheit auf der mit frischem Gras gepolsterten Pritsche und horchte auf die Einschläge rundum, unter deren Erschütterung der Sand von den Wänden rieselte. Oder ich trat hinaus und sah vom Postenstand in die nächtliche, schwermütige Landschaft, die zu den feurigen Erscheinungen, deren Tanzplatz sie war, in spukhaftem Gegensatz stand.
In solchen Augenblicken beschlich mich eine Stimmung, die mir bislang fremd gewesen war. Eine tiefe Umschichtung, die der ungeahnten Dauer des gesteigerten Lebens am Abgrund folgte, kündete sich an. Die Jahreszeiten lösten sich ab, es wurde Winter und wieder Sommer, und man lag immer im Kampf. Man war müde geworden und an das Gesicht des Krieges gewöhnt, aber gerade aus dieser Gewöhnung heraus sah man das Geschehen in einem gedämpften und andersartigen Licht. Man wurde nicht mehr so geblendet durch die Gewalt der Erscheinungen. Der Krieg warf seine tieferen Rätsel auf. Es war eine seltsame Zeit.[282]

---

281 Jünger, In Stahlgewittern, Seite 584 f. – Mit der »spanischen Krankheit« war die sogenannte Spanische Grippe gemeint, eine Pandemie, die in den Jahren 1918 bis 1920 weltweit etwa 25 bis 50 Millionen Menschen das Leben kostete. Im Frühjahr 1918 zuerst in einem amerikanischen Ausbildungscamp in Kansas ausgebrochen, gelangte das Grippevirus wohl mit amerikanischen Soldaten im April 1918 in die französische Hafenstadt Brest, von wo aus es sich dann rasch über Europa verbreitete. Die Bezeichnung Spanische Grippe rührt von den ersten Berichterstattungen in spanischen Zeitungen her, die aufgrund der Neutralität Spaniens während des Ersten Weltkriegs unzensiert über das Ausmaß der Seuche berichten konnten. – Vgl. Michels, Eckard: Die »Spanische Grippe« 1918/19. Verlauf, Folgen und Deutungen in Deutschland im Kontext des Ersten Weltkriegs. In: Vierteljahreshefte für Zeitgeschichte, Bd. 58, Nr. 1, München 2010, Seiten 1–33.

282 Jünger, In Stahlgewittern, Seite 579 ff.

Das gemeinsam mit Offizieren und zwei Stoßtrupps der Sturmkompanie durchgeführte Stoßtruppunternehmen am 21. und 22. Juli 1918, durch das die nachrückenden neuseeländischen Truppen wieder aus dem Vorfeld des Füsilierregiments 73 gedrängt werden sollten, wurde in der Erstausgabe von ›In Stahlgewittern‹ im Ablauf sachlich und nüchtern vergleichbar mit den Tagebuchaufzeichnungen beschrieben. Geschildert wurden der Anmarsch und das Vorgehen im sogenannten Heckengraben und in einem in einer Mulde parallel verlaufenden Annäherungsgraben. Die im Tagebuch heftig geäußerte Kritik an dem Vorhaben als solchem und an den befehlenden Vorgesetzten[283] fiel in der Erstausgabe von ›In Stahlgewittern‹ von 1920 eher zurückhaltend aus:

Ich darf nicht verschweigen, dass wir beide die [nur fünfzehn Minuten dauernde] Feuervorbereitung [durch die Artillerie] und überhaupt das Nehmen und Besetzen des tief in der Mulde liegenden, von allen Seiten eingesehenen Grabens für unnötig und verkehrt hielten. Der entscheidende Punkt war der Heckengraben; wollte man angreifen, so mußte man ihn nehmen und war dann auch im Besitz der Mulde. Ich hegte den bestimmten Verdacht, daß der Angriff von hinten nach der Karte befohlen war, denn wer das Gelände vor Augen hatte, konnte keine derartigen Anordnungen treffen.[284]

Dieser gerade zitierte Abschnitt aus der Erstausgabe wurde in der Ausgabe 1934 durch folgende Passage ersetzt:

In diese wie in viele andere Annäherungsgräben hatte sich der Gegner eingefressen und hinter Barrikaden festgesetzt. Leider war das Unternehmen, für das Leutnant Voigt von der Sturmkompanie mit einem Stoßtrupp und ich mit zwei Gruppen bereitgestellt waren, offensichtlich nach der Karte befohlen, denn der Muldengraben, der sich in einem Grunde entlangschlängelte, war von

---

283 »Eine Abfällige [sic!] Kritik der ganzen Art der Befehlserteilung und des Verständnisses der Lage behalte ich mir mangels an Zeit vor (Ich sitze hier im Bunker im Abschnitt F, es ist 12^{00} [Uhr Mitternacht] um 3^{00} [Uhr in der Frühe] werde ich geweckt. Na, die Etappe weiß es in diesem Kriege ja immer besser als der Frontsoldat, der kann den Mist ausbaden, die Lorbeeren werden schon andre erleben. Schluß!« – Jünger, Kriegstagebuch, Seite 410, 21. Juli 1918.

284 Jünger, In Stahlgewittern, Seite 592.

vielen Orten bis auf die Sohle einzusehen. Ich war mit der ganzen Sache nicht einverstanden, wenigstens finde ich in meinem Tagebuch hinter der Aufzeichnung des Befehls die Sätze: »Na, das werden wir, hoffentlich, morgen beschreiben. Eine abfällige Kritik der Befehlserteilung behalte ich mir mangels Zeit vor – ich sitze hier nämlich im Bunker im Abschnitt F, es ist zwölf Uhr, und um drei werde ich geweckt.«[285]

Immerhin hatte Jünger für die Überarbeitung 1934 nochmals sein Tagebuch befragt und die eher wütend niedergeschriebene Notiz wortwörtlich übernommen. Den dann folgenden Satz (»Na, die Etappe weiß es in diesem Kriege ja immer besser als der Frontsoldat, der kann den Mist ausbaden, die Lorbeeren werden schon andre erleben«) hat er hingegen nicht mehr angeführt. Auch die am 22. Juli dem Tagebuch anvertraute Kritik an seinen Vorgesetzten findet keine Erwähnung in den ›Stahlgewittern‹: »Am grünen Tisch läßt sich die Einnahme eines Grabenstücks gut befehlen, in der blutigen Realität des Krieges rächt sich solche Knobelei an bemalten Karten.«[286]

Den Schlussteil des Kapitels ›Englische Vorstöße‹ bildete die ausführliche Schilderung des anderen verlustreichen Stoßtruppunternehmens vom 25. Juli 1918, bei dem Jünger bei einem, wie er es in einer Skizze in seinem Tagebuch nennt: ›Handgemenge‹[287] selbst in tödliche Gefahr geriet. Zur Erinnerung: Dem neuseeländischen Infanterieregiment war es durch einen kurzgesteckten Angriff gelungen, in den Abschnitten B und C in die deutsche Hauptwiderstandslinie einzudringen und im Abschnitt A in das vorgelagerte Vorfeld. Sehr kurzfristig sollte Jünger dann ab 20.00 Uhr mit zwei Gruppen seiner Kompanie erneut den Stoßtrupps der Sturmkompanie beim sogenannten Aufrollen eines Stücks Graben, des Heckengrabens, folgen.

Für die Ausgabe von ›In Stahlgewittern‹ aus dem Jahr 1934 hatte Jünger die ausführliche Schilderung des Handgemenges durch erläuternde Erklärungen und Beschreibungen dann neu gefasst (vgl. auch Abbildung 6):

---

285 Jünger, In Stahlgewittern, Seite 591.
286 Jünger, Kriegstagebuch, Seite 411, 22. Juli 1918.
287 Ebenda, Seite 415, 25. Juli 1918.

Um den Zwischenfall, der nun folgte, zu erklären, sei daran erinnert, daß wir uns nicht in einer Stellung, sondern in einem der vielen Annäherungswege vorbewegten, in der sich der Engländer oder vielmehr der Neuseeländer eingefressen hatte – denn wir kämpften hier, wie ich erst nach dem Kriege durch Zuschriften aus den Ländern der Antipoden erfuhr, gegen ein neuseeländisches Kontingent. Dieser Annäherungsweg, eben der Heckengraben, zog sich auf einem Höhenkamm entlang, den links im Grunde der Muldengraben begleitete. Der Muldengraben, den ich mit Voigt am 22. Juli aufgerollt hatte, war, wie berichtet, von der Gruppe, die wir dort zurückgelassen hatten, geräumt; er war jetzt von den Neuseeländern besetzt. Beide Wege waren durch Quergräben verbunden, indessen war aus der Tiefe des Heckengrabens die Mulde nicht einzusehen.[288]

[…]

In solcher Ordnung passierten wir einen engen Stichgraben, der, aus der Mulde aufsteigend, gabelförmig im Heckengraben endigte. Zwischen seinen beiden Mündungen war wie ein Delta ein vielleicht fünf Schritt starker Erdblock ausgespart.

[…]

In Abzweigungen dieser Art pflegt man bei Grabenkämpfen einen Doppelposten zu entsenden, der für die Sicherung verantwortlich ist. Voigt hatte das entweder versäumt, oder er hatte den Graben in der Eile ganz übersehen. Jedenfalls hörte ich dicht vor mir den Unteroffizier einen Schrei der höchsten Erregung ausstoßen und sah, wie er sein Gewehr hochriß und mir am Kopf vorbei in die zweite Mündung des Stichgrabens schoß.[289]

In der Erstausgabe von ›In Stahlgewittern‹ wurde auf Kosten der Vorstellungskraft und Klarheit auf die Beschreibung der Geländegegebenheiten ganz verzichtet. Dort findet sich nur der eng an die Aufzeichnungen des Tagebuchs sich haltende Hinweis: »Ich hatte als Letzter gerade die Einmündung eines links abzweigenden Grabens passiert, als mein Vordermann, ein Unteroffizier, einen Schrei höchster Erregung ausstieß und mir am Kopf vorbei nach links schoß.«[290] Dies kann als ein Beispiel

288 Jünger, In Stahlgewittern, Seite 601.
289 Ebenda, Seite 601 f.
290 Ebenda, Seite 600.

für eine Überarbeitung Jüngers angeführt werden, die in erster Linie dem besseren Verständnis des Geschilderten diente.

Der Literaturwissenschaftler Wilhelm Krull unterstellte Ernst Jünger den Versuch – ausgehend von Jüngers eigenem dargestellten Heldentum – mit ›In Stahlgewittern‹ einen neuen modellhaften Typus des modernen Soldaten zu entwickeln: »des soldatischen Mannes, der sich auch den ungeheuren technischen Dimensionen der Materialschlachten unerschrocken und furchtlos stellt und in ihnen die Geburtsstunde einer [...] durch das Fronterlebnis geadelten Elite mitzuerleben meint.«[291] Doch dieses Soldatenbild wurde erst nach dem Ersten Weltkrieg, u. a. durch die Veröffentlichungen Ernst Jüngers, »konstruiert«. Der Historiker Wolfgang J. Mommsen bezeichnet die Vorstellung als einigermaßen verfehlt, »dass namentlich in den harten Stellungskämpfen an der Westfront ein neuer, stahlharter Menschentyp hervorgebracht worden sei, der sich von bürgerlichen Lebensidealen verabschiedet und im Krieg seine eigentliche Lebenserfüllung gesucht habe«. Genau genommen sei dies »das Produkt einer nachträglichen ideologischen Verklärung des Ersten Weltkriegs aus der Sicht rechtsextremer politischer Gruppierungen«.[292] Nach dieser Sichtweise muss man Ernst Jünger Anfang der 1920er-Jahre dazu rechnen.

Jünger nutzte Überarbeitungen und Einfügungen in die ›Stahlgewitter‹ natürlich auch, um sich selbst als zupackenden, aktiven Soldaten und Kompanieführer darzustellen. Während beispielsweise das Tagebuch von einem Schusswechsel festhielt: »Neben mir stand ein junger Krieger, der mit seinem l. M.G. [leichten Maschinengewehr] nicht fertig wurde, wir nahmen deshalb Gewehre und schossen«,[293] stand in der Erstausgabe von ›In Stahlgewittern‹ (1920) eine entsprechende Formulierung: »Neben mir fingerte ein ganz junger Krieger mit fiebernden Händen am Ladehebel seines Maschinengewehrs, ohne einen Schuß aus dem Lauf zu bekommen.«[294] In den späteren Überarbeitungen für die Ausgaben 1924 und 1961 fügte Jünger jedoch zur Betonung seiner eigenen aktiven Rolle als

291 Krull, Foyer des Todes, Seite 31.
292 Mommsen, Kriegsalltag, Seite 132.
293 Jünger, Kriegstagebuch, Seite 416, 25. Juli 1918.
294 Jünger, In Stahlgewittern, Seite 604.

Kämpfer noch eine entscheidende Ergänzung bei: »Neben mir fingerte ein ganz junger Krieger mit fiebernden Händen am Ladehebel seines Maschinengewehrs, ohne einen Schuß aus dem Lauf zu bekommen, *bis ich ihm das Ding aus den Händen riß [1924]. Es kamen auch einige Schüsse, dann versagte die Waffe wieder wie in einem Albtraum, doch verschwanden die Angreifer in den Gräben und Trichtern, während das Feuer sich steigerte [1961].*«[295] Jünger hatte also nachträglich seine eigene Rolle in dieser Episode aktiver dargestellt als in seinen ursprünglichen Tagebuchnotizen festgehalten.

Ein weiterer Beleg für Jüngers Ansatz, sein eigenes, aktives und vorbildhaftes Verhalten zu idealisieren, ist die Verarbeitung der Tagebuchaufzeichnungen und die Überarbeitungen in den verschiedenen Fassungen von ›In Stahlgewittern‹ bei der Episode des durch einen Splitter einer Artilleriegranate getroffenen Sanitäters Kenziora. Die Tagebuchnotizen hielten fest:

> *Kaum saß ich, als wieder eine Gruppe [Artilleriegranaten] herangebraust kam. Ein Ding davon krepierte auf der Straße und traf den Sanitäter Kenziora von meiner Komp. Ein Splitter durchschlug ihm die rechte untere Seite, einer ging in den Rücken.*
> *Er wurde in einen Stolleneingang geschleppt und verbunden. Ich ging gleich hin und wollte ihn trösten, er sagte jedoch mit Bestimmtheit: »Der Schuß ist tödlich, das fühle ich ganz genau.« Ich ging mit zum Verbandsplatz, wo Köppen [der Regimentsarzt] ihn verband und ihm Tetanus und Morphium gab.*[296]

In die Erstausgabe von ›In Stahlgewittern‹ fand diese Episode folgendermaßen Eingang:

> *Nach einer Weile brauste es wieder heran. Ich warf mich hin. Neben mir flammte es auf. Ein in der Nähe stehender Sanitäter meiner Kompanie, der mit einigen Kochgeschirren voll Wasser vorbeikam, brach durch den Unterleib getroffen zusammen. Wir verbanden ihn, während große Schweißperlen auf seine Stirne traten. Als ich versuchte, ihn zu trösten, stöhnte er hervor: »Der Schuß ist tödlich, ich fühle es ganz genau.« Trotz dieser Prophezeiung konnte ich*

295 Jünger, In Stahlgewittern, Seite 605.
296 Jünger, Kriegstagebuch, Seite 404, 18. Juni 1918.

ihm nach einem halben Jahre beim Einzuge in Hannover die Hand schütteln.[297]

Jünger deutete hier durch seine Formulierung in der Wir-Form »Wir verbanden ihn« darauf hin, dass er selbst beim Verbinden des Soldaten dabei war und diesen trösten wollte. Im Tagebuch wurde der verwundete Sanitäter von anderen Soldaten in einen Stolleneingang geschleppt und verbunden – dann erst ging Jünger zu ihm und wollte ihn trösten.

In der Fassung von ›In Stahlgewittern‹ 1924 wurde der Name des Sanitäters »Kenziora« eingefügt; in der Überarbeitung für die Ausgabe 1934 las sich der Abschnitt dann folgendermaßen:

Nach einer Weile brauste es wieder heran. Ich warf mich hin. Neben mir flammte es auf. Ein Sanitäter meiner Kompanie, namens Kenziora, der gerade mit einigen Kochgeschirren voll Wasser vorüberkam, brach, durch den Unterleib getroffen, zusammen. Ich lief hin und zerrte ihn mit Hilfe eines Leuchtkugelpostens in den Sanitätsstollen, dessen Eingang zum Glück in der Nähe lag.
»Nun, haben Sie denn auch schon ordentlich gefrühstückt?« fragte der Doktor Köppen, ein richtiger alter Truppenarzt, der mich auch schon verschiedentlich unter den Fingern gehabt hatte, als er ihm die große Bauchwunde verband. […] Plötzlich stöhnte er hervor, während große Schweißtropfen auf seine Stirn traten: »Der Schuß ist tödlich, ich fühle es ganz genau.«[298]

Hier hatte also Ernst Jünger seine eigene Rolle wesentlich aktiver und überhöht dargestellt. Im Tagebuch klang diese Passage noch ganz anders. Diese Formulierung hat Jünger dann über alle weiteren Ausgaben von ›In Stahlgewittern‹ beibehalten, und so wurde bis in die Fassung letzter Hand von 1978 Jüngers eigene überhöht dargestellte Rolle während dieser Episode überliefert.

Leichtfertiges Hantieren mit aufgefundenen englischen Gewehrgranaten formulierte Jünger für ›In Stahlgewittern‹ ebenfalls um, weil er nicht schriftlich festhalten wollte, dass er sich durch seinen Leichtsinn und seine Fahrlässigkeit selbst verletzt hatte. Das Tagebuch hielt nämlich noch fest:

297 Jünger, In Stahlgewittern, Seite 582.
298 Ebenda, Seite 583 f.

Im Graben fand ich heute unter Schutt ein Lager englischer Gewehr- und Handgranaten. Als ich eine Gewehrgranate zerlegte und mit einem Nagel auf den Zündsatz schlug, flog die Zündkapsel auseinander und riß mir recht häßlich den linken Zeigefinger auf.[299]

Die Erstausgabe von ›In Stahlgewittern‹ (1920) schrieb dagegen schon:

Eines Nachmittags fand ich beim Durchschreiten meines Abschnittes mehrere vergrabene Kisten voll englischer Munition und sprengte mir in meinem Leichtsinn beim Auseinandernehmen einer Gewehrgranate die Kuppe des rechten Zeigefingers ab.[300]

In der Fassung von 1934, die in allen folgenden Ausgaben von ›In Stahlgewittern‹ beibehalten wurde, begründete Jünger den Unfall mit der Gewehrgranate mit seinem Wissensdurst und einem Versehen seinerseits. Er übertrieb die Verletzung ein wenig und wollte vor allem den unverantwortlichen, in der Erstfassung richtigerweise und explizit angesprochenen Leichtsinn im Umgang mit unbekannter Munition umdeuten:

Eines Nachmittags fand ich beim Durchschreiten meines Abschnittes mehrere vergrabene Kisten voll englischer Munition. Um den Bau einer Gewehrgranate zu studieren, schraubte ich sie auseinander und nahm die Sprengkapsel heraus. Es blieb ein Rest zurück, den ich für das Zündhütchen hielt. Das Ding stellte sich jedoch, als ich es mit einem Nagel zu entladen suchte, als eine zweite Sprengkapsel heraus, die mit großem Knall auseinanderflog, die Kuppe meines linken Zeigefingers abschlug und mir eine blutende Gesichtsverletzung zufügte.[301]

Ein Beispiel für eine aus Opportunitätsgründen vorgenommene Überarbeitung ist die Streichung der leicht ironisch gefassten Kritik Jüngers am überbordenden Formalismus und einer truppenfernen Disziplin im Kampfgraben, die in der Erstausgabe von ›In Stahlgewittern‹ noch das Leben des Kompanieführers in der vorderen Stellung erschwerten. Folgende Passage der Erstausgabe wurde ersatzlos gestrichen:

---

299 Jünger, Kriegstagebuch, Seite 407, 6. Juli 1918.
300 Jünger, In Stahlgewittern, Seite 586.
301 Ebenda, Seite 587.

Stets hatte man soviel mit der inneren Organisation zu tun, daß man sich um die taktischen Kleinigkeiten kaum noch kümmern konnte. Man wurde auch wenig danach gefragt. Es schien die fortgeworfene Patronenhülse weit wichtiger. Ich lief jedesmal, wenn mir ein revidierender Vorgesetzter gemeldet wurde, durch den Graben, las Papier und Hülsen auf und instruierte die Posten, wie sie zu melden und die Hacken zusammenzuklappen hätten. Auch daß sie nicht etwa das Verbrechen begingen, dabei das Gesicht vom feindlichen Graben abzuwenden, aus dem sich schon seit drei Monaten kein Nasenzipfel mehr gezeigt hatte, oder gar das Gewehr aus der Hand zu stellen. Dafür waren drei Tage Mittelarrest unbedingte Taxe.
Diese für uns typischen Dinge haben sehr geschadet. Die Form erstickte den Geist. Der Krieg wurde bürokratisiert. Indes hatte der Frontleutnant viel zu viel Disziplin in den Knochen, um das, worüber in jedem Zugführerunterstande vor und nach dem Besuchsschnaps in allen Tonarten geflucht wurde, zur Sprache zu bringen. Trotzdem war er der Berufene, den altpreußischen Geist mit den Formen des neuen Krieges zu verschmelzen.[302]

Beispiele, wie Ernst Jünger die drastischen Schilderungen von Verwundeten und Gefallenen in der Erstausgabe für spätere Ausgaben der ›Stahlgewitter‹ etwas abmilderte, finden sich zuhauf. So etwa die ersatzlosen Streichungen von 1934 »Zweien [gefallenen Neuseeländern] waren beide Augen ausgeschossen«[303] und 1961 »Überall lag Blut, Hirn- und Fleischfetzen, auf denen sich Schwärme von Fliegen sammelten«[304]. Oder die frühe Einfügung von 1922: »Ich ließ eine Zeltbahn über ihn [den durch eine Artilleriegranate zerfetzten Körper des Vizefeldwebels Dietrich] werfen, um uns den Anblick zu ersparen.«[305]

Auch seine eigene, in der Erstfassung 1920 noch beschriebene Verrohung wollte Jünger seit 1934 nicht mehr explizit angesprochen wissen. Nachdem Jünger am Morgen des 25. Juli 1918 seinen neuen Abschnitt in der Vorderen Linie übernommen hatte, fand er dort die bisherigen Kompanieführer und die deutlichen Spuren des vorangegangenen Kampfes

302 Jünger, In Stahlgewittern, Seite 576 f.
303 Ebenda, Seite 596.
304 Ebenda, Seite 598.
305 Ebenda, Seite 599.

vor: »Im Graben lagen acht tote Deutsche und zwei Engländer [...]. Alle waren durch Handgranatentreffer übel zugerichtet. Ihre angstverzerrten Gesichter wiesen furchtbare Verletzungen auf.«[306] Der dann folgende Absatz aus der Erstausgabe wurde 1934 ersatzlos gestrichen:

> *Als ich mich mit Boje und Kius in unserem gewöhnlichen pessimistisch-ironischen Ton begrüßte, fühlte ich die entsetzten Augen eines meiner Rekruten, eines Seminaristen, auf mir ruhen. Ich durchschaute seinen Gedankengang und erschrak zum ersten Mal über die abstumpfende Wirkung des Krieges. Man kam dazu, den Menschen nur noch als Sache zu betrachten.*[307]

Das Kapitel ›Englische Vorstöße‹ in der Erstausgabe von ›In Stahlgewittern‹ endete nach der lapidaren Erwähnung der Ablösung durch eine Kompanie des Infanterieregiments 164 am 27. Juli mit einem Abdruck des Tagesbefehls der 111. Infanteriedivision vom 12. August 1918:

> *Das Füsilier-Rgt. 73 hat seinen hohen Ruf als tapfere, kampferprobte Truppe in den harten Kämpfen am 25.7. gegen einen an Zahl weit überlegenen Gegner erneut aufs Glänzendste in Verteidigung und Gegenstößen bewiesen. Ich erkenne das um so lieber an, als ich wohl weiß, welche hohen Anforderungen an die Truppen der Division bei dem langen Einsatz an schwieriger Front an Ausdauer und Pflichttreue gestellt werden müssen für unser geliebtes Vaterland. Insbesondere verdient Leutnant Jünger, schon sechsmal verwundet und diesmal wie immer ein leuchtendes Vorbild für Offiziere und Mannschaft, erneute Anerkennung*
>
> *v. Busse,*
> *Generalmajor und Divisions-Kommandeur.*[308]

Ernst Jünger ließ diese förmliche Belobigung durch den Divisionskommandeur in allen folgenden Auflagen stehen. Er hat sie aus dem Text erst in der Überarbeitung für die Gesamtausgabe 1961 gestrichen – sie war ihm wohl nicht mehr bedeutend genug ...

Angefügt hat Jünger bei der Überarbeitung 1961 jedoch am Ende des Kapitels noch eine Ergänzung, die ihm an dieser Stelle erlaubte, auf das

---

306 Jünger, In Stahlgewittern, Seite 596.
307 Ebenda, Seite 596 und 598 (aufgrund des Paralleldrucks).
308 Ebenda, Seite 608.

wachsende Ungleichgewicht der Kriegsgegner in dieser Phase des Ersten Weltkriegs hinzuweisen:

> *Diese Vorstöße zeigten, wie sehr die Stärke der Gegner anwuchs, die aus den entferntesten Teilen der Welt herbeiströmten. Wir hatten ihnen immer weniger Männer entgegenzustellen, oft fast Kinder, auch fehlte es an Ausrüstung und Ausbildung. Mit bestem Willen konnten wir, wie bei wachsender Sturmflut, nur hier und dort die Lücken schließen, indem wir uns hineinwarfen. Zu großen Gegenschlägen, wie noch bei Cambrai [im Dezember 1917], reichte es nicht mehr.*[309]

Zusammenfassend ist festzuhalten, dass sich Ernst Jünger bei der Niederschrift des Kapitels ›Englische Vorstöße‹ in den ›Stahlgewittern‹ eng an die im Tagebuch festgehaltenen Notizen zum Ablauf und zu den tatsächlichen Geschehnissen vor dem Wäldchen 125 gehalten hat. Seinem Anspruch aus dem ursprünglichen Untertitel ›Aus dem Tagebuch eines Stoßtruppführers‹ wurde er so gerecht. Er hat die Vorkommnisse zwar literarisch strukturiert und sprachlich ausformuliert, sich im Wesentlichen aber an den realen Geschehnissen und dem zeitlichen Ablauf seines Einsatzes am Wäldchen orientiert, wie sie im Tagebuch notiert wurden. Festgehalten werden muss aber auch, dass die Geschehnisse rund um das Wäldchen 125 damit gleichberechtigt neben all den anderen Schilderungen aus Jüngers Kriegserlebnissen in den ›Stahlgewittern‹ stehen. Der Einsatz am Wäldchen 125 erfährt in den ›Stahlgewittern‹ keine besondere Hervorhebung und war noch weit von einer symbolischen Bedeutung für die Soldaten des Füsilierregiments entfernt.

Die angeführten Beispiele für Ergänzungen, Streichungen oder Umformulierungen in den verschiedenen Fassungen von ›In Stahlgewittern‹ sind typisch für die lebenslange Überarbeitung des Jüngerschen Erstlingswerks und folgten wie oben erwähnt unterschiedlichen Tendenzen. Diese Änderungen finden sich daher im gesamten Text von ›In Stahlgewittern‹ und ebenso im Kapitel ›Englische Vorstöße‹.

Eine echte Umdeutung des Einsatzes vor dem Wäldchen 125 fand erst mit der Veröffentlichung des eigenständigen Kriegsbuches ›Das Wäldchen 125. Eine Chronik aus den Grabenkämpfen 1918‹ im Jahre 1924 statt. Diese Umdeutung des Kriegserlebnisses soll im folgenden Kapitel näher dargestellt werden.

309 Jünger, In Stahlgewittern, Seite 607.

›Das Wäldchen 125. Eine Chronik aus den Grabenkämpfen 1918‹

Nach seinem Erstlingswerk, ›In Stahlgewittern‹ aus dem Jahr 1920, hat sich Ernst Jünger in insgesamt vier weiteren Veröffentlichungen mit seinen Erfahrungen aus dem Ersten Weltkrieg auseinandergesetzt.

Während Jüngers Veröffentlichung ›Der Kampf als inneres Erlebnis‹ aus dem Jahr 1922 seine Kriegserlebnisse reflexiv und essayistisch anhand von 13 thematischen Motiven verarbeitete, versuchten ›Das Wäldchen 125‹ (aus dem Jahr 1924) und ›Feuer und Blut‹ (1925) eine Sinndeutung des Krieges durch chronologisch angelegte Beschreibungen, angelehnt an sein Kriegstagebuch, die mit essayhaften Ausführungen und Erläuterungen ergänzt wurden.[310]

›Das Wäldchen 125. Eine Chronik aus den Grabenkämpfen 1918‹ war somit die zweite dieser komplementären, autobiografisch angelegten Veröffentlichungen Ernst Jüngers zu seinen Kriegserlebnissen. Während ›In Stahlgewittern‹ Jüngers gesamte Teilnahme am Ersten Weltkrieg chronologisch wiedergibt, konzentrierte sich ›Das Wäldchen 125‹ in einer Art »Ausschnittvergrößerung«[311] auf etwa sechs Wochen intensiven Stellungskriegs im Sommer 1918. Die Auswahl dieses »Ausschnitts« begründete Jünger damit, dass er »einen ganz kleinen Abschnitt herausgreifen [wollte], um an ihm über die äußere Form hinaus die Fülle der Kräfte und Beziehungen anzuführen, in denen sich Menschen unserer Zeit im Kampf gegenüber stehen […]. Ich dachte an eine verhältnismäßig ruhige Zeit, um nicht der Handlung, die sich leicht im Gräßlichen erschöpft, das

310 Das vierte Buch Jüngers zum Ersten Weltkrieg, die Erzählung ›Sturm‹ aus dem Jahr 1923, nimmt eine gewisse Sonderstellung im Frühwerk Jüngers ein, da sie »auf jene explizit autobiographischen Muster« verzichtet und eine eigene, in sich geschlossene, fiktionale Erzählkonzeption umsetzt. – Vgl. dazu den vorzüglichen Artikel Fröschles im Ernst Jünger-Handbuch: Fröschle, Ulrich: Sturm (1923), in: Ernst Jünger-Handbuch, Seiten 64–69.

311 Liebchen, Ernst Jünger, Seite 32.

Übergewicht zu geben und an das [zeitliche] Ende des Krieges, zu dem die Rasse der Gräben, eine der härtesten und tüchtigsten, die je gelebt hat, sich unter der langen Gewohnheit eines die äußersten Forderungen stellenden Daseins bereits äußerlich und innerlich in jener Form gefestigt hatte, die einer neuen Zeit und ihren neuen Mitteln entspricht.«[312]

Das im Sommer 1925 kurz danach erschienene Buch ›Feuer und Blut. Ein kleiner Ausschnitt aus einer großen Schlacht‹ vergrößerte noch weiter und umfasste zeitlich lediglich gut zwei Tage unmittelbar vor der ›Michael‹-Offensive im März 1918.

›Das Wäldchen 125‹ erschien im Oktober 1924[313] mit dem Erscheinungsdatum 1925, umfasste 254 Seiten, ergänzt »um ein Luftbild, ein sechsseitiges Vorwort und eine zweiseitige Verlagsanzeige«.[314] Mit dieser Veröffentlichung wurde die Beschreibung der Geschehnisse vom Sommer 1918 von den 16 Seiten des Kriegstagebuchs bzw. den 14 bis 16 Seiten aus ›In Stahlgewittern‹ (je nach Fassung) auf etwa den 15-fachen Umfang gebracht. Jünger erreicht dies durch eine ausführlichere und detailreichere literarische Ausarbeitung der Geschehnisse, welche alle Sinne anspricht, der genauen Beschreibung der Landschaften und geografischen Gegebenheiten und eben der darauf Bezug nehmenden Erläuterungen und essayistischen Ausführungen zu unterschiedlichen Fragen der aktuellen Politik und des Militärs. Die Erstausgabe von 3.000 Exemplaren erlebte in den Jahren 1926, 1928, 1929 und 1930 vier weitere Auflagen, bis als sechste Auflage im Jahr 1935 eine gekürzte und stark veränderte Fassung erschien. Diese stark gekürzte und veränderte Auflage hatte nur noch einen Gesamtumfang von 207 Seiten. Für diese gründliche Überarbeitung hatte Jünger nahezu alle essayistischen Nebentexte gestrichen und die erzählenden Anteile zum Geschehen um das Wäldchen 125 stilistisch überarbeitet. »Vor allem aber wurde

---

312 Jünger, Wäldchen 125, Seite 136 f.

313 Das Buch enthält als Jahreszahl der Veröffentlichung 1925, »wie es bei Büchern, die [erst] nach der Herbst- oder Michaelismesse erschienen, üblich war«. – So erklärt Helmuth Kiesel im Vorwort seines Bandes mit den Schriften Ernst Jüngers zum Ersten Weltkrieg die unterschiedlichen Angaben zum Jahr der Erstausgabe. – Jünger, Krieg als inneres Erlebnis, Seite 17.

314 Ketelsen, Uwe-K.: Das Wäldchen 125. Eine Chronik aus den Grabenkämpfen 1918 (1924/1925), in: Ernst Jünger-Handbuch, Seite 70.

er [der Text] energisch gekürzt. Jünger straffte die narrativen Passagen erheblich, strich die weitschweifigen Überlegungen, die sich auf die militärtheoretischen Diskussionen der frühen 1920er-Jahre beziehen ließen, und eliminierte die politischen Ansprüche, die er für die Frontkämpfergeneration angemeldet hatte.«[315] Nach der achten Auflage (1941) wurde der Text in der gekürzten und überarbeiteten Version unverändert erst wieder im Rahmen der Werkausgaben Ernst Jüngers in den Jahren 1961, 1978 bzw. 2015 einem breiteren Publikum zugänglich.[316] Helmuth Kiesel veröffentlichte jüngst die unterschiedlichen Fassungen des ›Wäldchens 125‹ mit der Herausgabe der autobiografischen Schriften Jüngers zum Ersten Weltkrieg.[317]

Bei der Beschäftigung mit dem Buch ›Das Wäldchen 125‹ müssen damit quasi zwei Versionen näher betrachtet werden: Die ersten fünf Auflagen mit dem chronologisch gegliederten Bericht über die Kriegserlebnisse beim Kampf um das Wäldchen 125 einschließlich der eingearbeiteten essayistischen Nebentexte sowie die folgenden Auflagen, in die (fast ausschließlich) nur die chronologischen, beschreibenden Anteile der Kriegshandlungen aus den ersten Auflagen übernommen wurden. Beides soll daher im Folgenden getrennt voneinander betrachtet werden. Zunächst zu den chronologisch beschreibenden Anteilen des Buches.

Ernst Jünger gliederte seine ›Chronik‹ in den ersten Auflagen und überschrieb dessen einzelne Abschnitte mit Datum und Hinweis auf den Abschnitt der Front, in dem sich Jüngers Kompanie gerade aufhielt (Vordere Linie, Hauptwiderstandslinie, Ortschaft Achiet in den Ruhephasen). Während das Kriegstagebuch die Ereignisse um das Wäldchen 125 exakt auf den Zeitraum vom 6. Juni (Übernahme des Frontabschnitts) bis zum 29. Juli 1918 (Ablösung aus der Front) datiert und auch in ›In Stahlgewittern‹ diese zeitliche Abfolge mit teilweise konkreten Datumsangaben im Einklang mit dem Tagebuch übernommen wurde, weicht der beschriebene Zeitraum in der ›Chronik‹ von dieser Datierung erheblich ab: Dort ist der entsprechende Zeitabschnitt vom 30. Juni bis zum 10. August gefasst.

315 Ketelsen, Uwe-K.: Das Wäldchen 125. Eine Chronik aus den Grabenkämpfen 1918 (1924/1925), in: Ernst Jünger-Handbuch, Seite 73.

316 Ebenda, Seite 70.

317 Kiesel, Krieg als inneres Erlebnis, a. a. o.

Laut Ernst Jünger-Handbuch wurden die Ereignisse auf die Zeit ab dem 30. Juni, »also auf die Zeit nach der gescheiterten ›Gneisenau‹-Offensive (9. bis 11. Juni 1918) [datiert]. Auf diese Weise komprimiert er [Jünger] deren Darstellung. Er schließt seinen Bericht mit dem 10. August 1918, als die Front auf die Stellung der ›Siegfried‹-Linie zurückgenommen wurde.«[318] Der Literaturwissenschaftler Uwe Ketelsen unternimmt im Handbuch meiner Bewertung nach hier eine eher willkürliche Einordnung in die größeren zeitlichen Zusammenhänge des Gefechtsverlaufs an der Westfront. Jünger selbst gab in seinem Buch keinen Hinweis auf die jeweiligen Daten seines beschriebenen Ausschnitts, sodass hier über die Gründe nur spekuliert werden kann.

Jünger hatte sowohl bei der Ausarbeitung von ›In Stahlgewittern‹ als auch beim ›Wäldchen 125‹ auf seine damaligen Tagebuchaufzeichnungen zurückgegriffen. Da Jünger laut seines Tagebuchs nach dem 29. Juli 1918 aber nicht mehr am Wäldchen 125 eingesetzt war, kann es bis zum 10. August auch keine Aufzeichnungen im Kriegstagebuch geben, auf die sich Jünger hätte berufen können – ein deutlicher Hinweis auf die schriftstellerische Freiheit, die sich Ernst Jünger bei der zeitlichen Gliederung seiner ›Chronik‹ herausgenommen hatte.[319]

Bei der literarischen Ausarbeitung der Geschehnisse um das Wäldchen 125 hielt sich Jünger am Anfang des Buches zunächst strikt an den chronologischen Ablauf, wie er auch im Tagebuch festgehalten wurde. Jünger nutzte jedoch den Raum für ausführliche, atmosphärische Schilderungen etwa der nächtlichen Lastwagenfahrt und des Anmarschs zu Fuß in Richtung der vorderen Stellungen. Während beispielsweise das Kriegstagebuch über den Anmarsch am 6. Juni 1918 nüchtern registrierte:

---

318 Ketelsen, Ernst Jünger-Handbuch, Seite 70.

319 Insofern geht der Hinweis Ketelsens (Ernst Jünger-Handbuch, Seite 70) fehl, dass Jünger zur Beschreibung seines Einsatzes am Wäldchen 125 für die Zeit zwischen dem 1. und 10. August 1918 nicht auf seine ursprünglichen Aufzeichnungen zurückgreifen konnte, sondern diese erst während seines späteren Lazarettaufenthalts rekonstruiert habe. Diese rekonstruierten Aufzeichnungen seien »demnach bereits im Bewusstsein vom Ende seiner Existenz als Kompanieführer […] niedergeschrieben« worden. Selbst die originalen Aufzeichnungen vom 1. bis zum 10. August 1918 hätten nichts vom Geschehen um das Wäldchen 125 enthalten können!

Es war ziemlich lebhafter Feuerbetrieb. Als wir einen Augenblick ausruhten, schlugen 2 mittlere Granaten dicht bei uns ein. Die Erinnerung an das Unglück vom 19. März gab uns neue Marschfreudigkeit. Dicht hinter dem Graben stand eine abgelöste Kompanie, die Lärm machte. Natürlich fuhr, grad als wir vorbeigingen, ein Dutzend Schrapnells dazwischen.[320]

wird diese Episode in den ›Stahlgewittern‹ lediglich ausformuliert:

Der Feuerbetrieb war lebhaft. Als wir einen Augenblick rasteten, schlugen zwei mittlere Granaten neben uns ein. Die Erinnerung an die unvergeßliche Schreckensnacht des 19. März trieb uns vorwärts. Dicht hinter der vorderen Linie stand eine abgelöste, lärmende Kompanie, an der uns das Fatum gerade vorüberführte, als ihr der Mund durch einige Dutzend Schrapnells gestopft wurde. Mit einem Hagel von Schimpfworten stürzten sich meine Leute kopfüber in den nächsten Laufgraben. Drei mußten blutend zum Sanitätsunterstand zurückkehren.[321]

In der ersten Fassung des ›Wäldchens 125‹ wurde der Anmarsch hingegen auf über drei Seiten ausführlich aus Jüngers Erinnerung oder aus vergleichbaren Situationen rekonstruiert. Der oben erwähnte Feuerüberfall bildete dabei den Höhepunkt des bislang planmäßigen und ungestörten Anmarschs unter der Führung eines ortskundigen Melders des abzulösenden Truppenteils:

[...] Nun kommt noch die Vorfeldzone, dann haben wir unser Ziel erreicht. Da! Wir haben uns zu früh gefreut, und bis jetzt ging alles so glatt! Ich kaure plötzlich neben dem Führer in einer Grabenecke, ohne recht zu wissen, wie ich hineingekommen bin. Und noch einmal! Eine Gruppe Schrapnells, deren Druck die Luft kreischend zerreißt, grelle Flammenerscheinungen dicht über dem Boden, Explosionen, pfeifende Kugelschwärme und Aufklatschen im Lehm, alles zu gleicher Zeit. Ein brenzlicher, stechender Qualm zieht den Graben entlang. Hinter uns Geschrei, Schimpfen, eine Gestalt in voller Ausrüstung stolpert über mich, rafft sich hoch und rennt weiter. Schüddekopf taucht aus dem Dunkel hervor und hebt meinen Stahlhelm auf. Es scheint wieder

320 Jünger, Kriegstagebuch, Seite 400, 6. Juni 1918.
321 Jünger, In Stahlgewittern, Seite 574.

einmal glimpflich abgegangen zu sein. Ich sehe mir im Weitergehen noch einmal die schützende Ecke an und stelle fest, daß diese Bruchteile von Sekunden uns genügten, die sicherste Stelle zu entdecken und auszunützen. Es sind nur noch wenige Schritte bis zum Ziel.[322]

Man sieht: Während das Kriegstagebuch und auch ›In Stahlgewittern‹ lediglich die Tatsache des Schrapnellbeschusses als solchen festhielten, legte Jünger im ›Wäldchen 125‹ den Schwerpunkt auf die beschreibende Wahrnehmung des Beschusses durch alle Sinne wie Sehen, Hören, Riechen und Tasten.

Zur atmosphärischen Verdichtung zählte beispielsweise auch die ausführliche Beschreibung des Tagesablaufs Ernst Jüngers als Kompanieführer in der Vorderen Linie, die er auf über acht und eine halbe Seite ausdehnte.[323] Minutiös breitete er seine Tätigkeiten aus vom Wecken über seine Rundgänge im Graben, die Bearbeitung von dienstlichen Vorgängen bis zu seiner persönlichen Lektüre. Dabei fehlten auch nicht Angaben zur täglichen Körperpflege, zu Sonnenbädern in einem eigens dafür vorbereiteten Granattrichter oder zur Mäusejagd im Grabensystem. Für diese Schilderungen gab es an unterschiedlichen Stellen im Kriegstagebuch während des gesamten Krieges vereinzelt Vorlagen und Hinweise, jedoch nicht in dieser zusammenhängenden, einen ganzen, typischen Tag im Graben umfassenden Form.

Doch dann nutzte Jünger dieses auf realen Gegebenheiten und Geschehnissen beruhende, dargestellte Bild und berichtete den Lesern der ›Chronik aus den Grabenkämpfen‹ über seine persönliche Erkundung des Wäldchens 125:

Diese Stunde, die ich sehr liebe, suchte ich mir auch heut vormittag aus, um nach dem Wäldchen 125 zu schlendern, denn es ist gut, sich einen Ort in Ruhe anzusehen, in den man stündlich zum Kampfe vorgeworfen werden kann. Eine schwere Belastung solcher Augenblicke, die Unsicherheit im Gelände, fällt damit fort, und man hat so einen wichtigen Punkt vor dem Angreifer voraus.[324]

---

322 Jünger, Wäldchen 125, Seite 147 f.
323 Ebenda, Seiten 166–174.
324 Ebenda, Seite 181.

Es ist militärisch begründet und immer anzustreben, einen möglichen Einsatzort bei Tageslicht zu erkunden und Verbindung nach vorn aufzunehmen, um sich in jeder Lage – auch bei Nacht und schlechter Sicht – zurechtzufinden und seine Kompanie zur Verstärkung oder bei einem Gegenstoß sicher einsetzen zu können. Aber: Es findet sich im Tagebuch Ernst Jüngers kein Hinweis, dass er jemals im Wäldchen 125 war. Er war mit seiner Kompanie stets in einem anderen Abschnitt der Vorderen Linie eingesetzt, nämlich am äußerst rechten Flügel im Abschnitt A des Regiments, und er hätte eine Erkundung in das stets unter feindlichem Feuer und Beobachtung liegende und höchste Gefahr bedeutende Wäldchen 125 mit Sicherheit in seinem Tagebuch vermerkt. Ausweislich seiner Ortsangaben unter Bezugnahme auf die sogenannten Rotpunkte in der Handkarte bzw. seiner Lageskizzen im Tagebuch kam Jünger im Zuge der beiden geschilderten Stoßtruppunternehmen nicht über die Rotpunkte z_1 bzw. t_1 nach Norden in Richtung Wäldchen 125 hinaus.

Doch wie dem auch sei: Die in der ›Chronik‹ wiedergegebene Erkundung hat Jünger vielleicht aus der Erinnerung an Schilderungen seiner Kameraden jedenfalls sehr realistisch konstruiert. Da war zunächst die genaue Beschreibung des äußeren Aussehens des Wäldchens:

Sehr gemütlich sieht es dort allerdings nicht aus. Aus dem Kreideboden, den nur eine dünne, schwarze Humusschicht bedeckt, ist Trichter an Trichter gerissen, und ein weißer Puder hat das Blattwerk der kümmerlichen Reste des Unterholzes mit einem dichten Überzug bestäubt, daß es so blaß und kränklich aussieht, als ob es in Kellern gewachsen wäre. Mit der Wurzel ausgeraufte Büsche und abgeschlagene Zweige sind wie durcheinander geworfen und zum Teil über die zertrommelten Gräben gestürzt, die man stellenweise nur kriechend passieren kann. Den mächtigen Stämmen des Hochwalds sind, soweit sie nicht überhaupt niedergerissen sind, sämtliche Äste gekappt, Borke und Splint abgerissen, und nur das durchlöcherte Kernholz reckt noch ein Heer von kahlen Masten empor, die durch eine schreckliche Krebskrankheit zerfressen scheinen.[325]

325 Jünger, Wäldchen 125, Seite 182.

Dann die Beschreibung des Wäldchens sowie der darin befindlichen Stellung:

Die Form des Wäldchens ist ungefähr die eines Quadrates, an das sich einige kleinere Ausläufer anschließen. Fast genau im Schnittpunkt seiner Diagonalen ist ein mächtiger Stollen in die Kreide getrieben. Von dort strahlt eine Reihe von Gängen und Wegen aus, die in die vordere Linie münden. […] Ohne diesen Stollen würde an eine Besetzung dieses Wäldchens gar nicht zu denken sein. Vier weit auseinander liegende Eingänge, die wie Kaninchenlöcher von ausgescharrter Erde umgeben sind, führen in den Bau hinein. Die Gänge steigen in so gestrecktem Winkel ab, daß ihre wahrscheinlich längst gefallenen Erbauer auf Stufen verzichten konnten. […] Wenn die großen Feuerschläge das Wäldchen verheeren, drängt sich alles Lebendige instinktmäßig an diesem Ort zusammen, an dem es noch bestehen kann. […] Durch das Vorhandensein dieses Stollens wurde mir erst klar, wie sich das Leben überhaupt in diesem Waldstück halten konnte, das mir von hinten manchmal nur noch als ein spritzendes Chaos von Dampf und Erde erschienen war, das hoch über den Bäumen zusammenschlug. In diesen Augenblicken kauert die ganze Besatzung als gedrängte Menschenmasse in den engen Stollengängen, die oft genug getroffen werden und dann durch Axt und Spaten wieder freigelegt werden müssen.[326]

Bei der Schilderung seiner Erkundung des Wäldchens 125 baute Jünger eine Episode ein, die als Erzählung von Kameraden auch im Kriegstagebuch erwähnt wurde. Es ist der Handstreich, den die Leutnants Vorbeck, Kasten und Reeg gegen vier aufziehende englische Posten gewagt hatten. Beim Zurücklaufen bekam laut Tagebuch Reeg einen Schuss ab, der den Arm durchschlug und eine Brustwarze wegriss, Kasten wurde von derselben Kugel die Uniform quer über der Brust zerrissen.[327] In der ›Chronik‹ ließ Jünger diese Aktion durch den Leutnant Vorbeck im Wäldchen 125 selbst schildern und schmückte diese mit eigenen Bewertungen und Eindrücken aus:

326 Jünger, Wäldchen 125, Seiten 185–187.
327 Jünger, Kriegstagebuch, Seite 405, 23. Juni 1918.

Sie hatten sich dazu die Mittagsstunde ausgesucht – das ist nur verständlich, wenn man das von Trichtern besäte Niemandsland und die Sicherheit der Posten kennt, die um diese Stunde von der Hitze ermüdet an den Brustwehren lehnen und ganz andere Dinge vor Augen haben als das tote, flimmernde Feld, das schon wochenlang in gleicher Einsamkeit vor ihnen liegt. So liegt der Gedanke, auch einmal diese Zeit der allgemeinen Erschlaffung zum Anschleichen zu benützen, eigentlich nahe. Aber er ist ebenso einfach wie kühn und wird deshalb nur selten ausgeführt. Die Berechnung hatte wenigstens diesmal gestimmt, sie waren ungesehen in den englischen Graben gelangt und hatten sich in einer kleinen, verwachsenen Abzweigung versteckt.[328]

Beim Rückzug in den eigenen Graben habe dann ein Schuss den Uniformrock des Leutnants Kasten aufgerissen und – anders als im Tagebuch festgehalten – diesem die linke Brustwarze weggerissen. »Dieser seltene Schuß wurde von dem Betroffenen, der mit am Tische saß, einem hageren, langen Philologen, in demselben trockenen Tone erörtert, in dem er vermutlich im Frieden vor seiner Untersekunda den Livius zu kommentieren pflegte.«[329] Des Weiteren beschrieb Jünger mit einiger Bewunderung die Nervenanspannung, die es bedeutete, einen gegnerischen Soldaten in nächster Nähe zu Gesicht zu bekommen.

Diese Episode ist deshalb bedeutsam, weil Jünger an einer späteren Stelle in der ›Chronik‹ selbst eine ähnliche Hinterhaltaktion beschrieb, bei der ein englischer Soldat beim Wechsel des Postenstands durch den Protagonisten auf nächste Entfernung tödlich getroffen wurde – wodurch er sich an Kaltblütigkeit und Mut mit dem Leutnant Vorbeck auf eine Stufe stellte: Am äußerst rechten Rand des Kompanieabschnitts kamen seit Kurzem von gegnerischer Seite Gewehrgranaten zum Einsatz, die sich aufgrund ihrer kurzen Reichweite und der stark gekrümmten Flugbahn wie Steine hinter die deutschen Deckungen werfen ließen. Jünger beschrieb den feindlichen Waffeneinsatz als

kleine, aber dauernde Belästigung. Einmal wurden die Kochgeschirre, die gerade auf der Grabenwand standen, getroffen, so

328 Jünger, Wäldchen 125, Seite 189.
329 Ebenda, Seite 190.

daß die Suppe wie aus Gießkannen auf den Boden floß, dann wurde ein Mantel, den der Gruppenführer zum Trocknen über die Lehmwand gebreitet hatte, verbrannt und zerfetzt, und endlich auch ein Mann der Gegenpatrouille, die die rechte Nachbarkompanie stündlich zu uns schickt, durch Splitter so schwer verletzt, daß er zurückgetragen werden mußte. [...] Dieser ständige Beschuß mit Gewehrgranaten war umso unangenehmer, als sich die Abschußstelle durch eine flache Bodenwelle den Blicken entzog, und daher nicht Gleiches mit Gleichem vergolten werden konnte, wodurch sich die Beziehungen natürlich etwas geregelt hätten, wie überall, wo nicht nur eingesteckt, sondern auch kräftig ausgeteilt wird.[330]

Jünger empfand den feindlichen Einsatz von Gewehrgranaten als eine unangenehme, unziemliche oder unfaire Belästigung, auf die unbedingt reagiert werden musste. Wie ein Jäger auf der Pirsch schlich sich der Protagonist mit seinem Burschen an die feindliche Stellung heran und wartete auf eine günstige Gelegenheit zum Schuss. Jünger umschrieb den Hinterhalt mit Begriffen der Jagd: »... prüfte ich das Wetter mit jener Sorgfalt, mit der es der Jäger tut, der sich auf den Bock ansetzen will.«[331] »... wenn man dem gefährlichsten Wesen der Welt auflauern will, darf man keine Zeit und Mühe scheuen.«[332] Dem sich vorbildlich still verhaltenden feindlichen Soldaten in der Stellung attestierte er: »Wenn hinter der braungelben Wand da drüben wirklich ein Mensch auf der Lauer stand, so benahm er sich jedenfalls klug und behutsam wie ein Tier der Wildnis.«[333] Die ganze Kaltblütigkeit, aber auch Zufriedenheit mit dem Ausgang des Hinterhalts kam in den abschließenden Sätzen des Kapitels zum Vorschein, als der Protagonist und sein Bursche unverletzt den eigenen Graben erreicht hatten: »Ich ging gleich, ohne mich umzusehen, in den Unterstand und warf mich auf die Bank, um bis zum Abend liegen zu bleiben wie ein Mann, der eine Arbeit hinter sich weiß, die alle Kräfte in Anspruch genommen hat.«[334]

---

330 Jünger, Wäldchen 125, Seite 228 ff.
331 Ebenda, Seite 227.
332 Ebenda, Seite 233.
333 Ebenda, Seite 234.
334 Ebenda, Seite 237.

Auch diese Episode hat Ernst Jünger wohl frei erfunden und seinem Alter ego zugeschrieben. Weder in seinem Kriegstagebuch noch ›In Stahlgewittern‹ finden sich Entsprechungen. Man muss aber davon ausgehen, dass Jünger, hätte er eine solche Aktion tatsächlich persönlich in den Stellungen am Wäldchen 125 ausgeführt, dies in seinem Tagebuch notiert hätte – wie einen vergleichbaren Einzelschuss auf einen englischen Soldaten am 6. März 1917: »Auch ich hatte heute einen schönen Erfolg. […] Jedenfalls kann ich mir den [tödlich getroffenen Engländer] ruhig auf mein Konto schreiben. Es war ein trefflicher Schuß.«[335] und die entsprechende Erwähnung in den ›Stahlgewittern‹.[336] Wenn das Schießen auf den Gegner bei jeder sich bietenden Gelegenheit auch durchaus der militärischen Logik entsprach, so erschreckt doch die oberflächliche Kaltblütigkeit und die detailreich geschilderte Beschreibung dieser Tat.

Einen eigenen Abschnitt widmete Jünger in der ›Chronik‹ seiner Bewunderung für die damals moderne Jagdfliegerei. Jünger beschrieb, wie er von einem Schulfreund, »der jetzt einer berühmten Jagdstaffel angehörte«, zu einer Feier eingeladen wurde, bei der der dortige Staffelchef seinen zwanzigsten Abschuss feierte.[337] In diesem eigenständigen Abschnitt, der im Tagebuch nicht erwähnt wird und daher wohl zu diesem Zeitpunkt so nicht stattgefunden hat, erzählt Jünger idealisierend und mitreißend die innere Haltung und Motivation der jungen Jagdflieger, bei denen seiner Auffassung nach noch Ritterlichkeit und sportlicher Zweikampf vorherrschten. Im Gegensatz zum Infanterieoffizier des Grabens kannten sie »keine wochenlangen Märsche, kein Herumwühlen in Dreck, Verwesung und Blut. Auch der Kampf bei Nacht und Nebel sowie die großen Verstümmelungen sind ihnen fremd. Sie werfen die Zigarette fort, steigen auf mit sauberer Uniform, schneeweißer Wäsche und gepflegten Händen und sind in einer Stunde wieder da.«[338] Aus diesem Abschnitt wird Jüngers ganze Bewunderung für die Jagdfliegerei und ihr todbringendes sowie für sie selbst oft tödlich endendes Geschäft deutlich. Diese Bewunderung der Jagdflie-

---

335 Jünger, Kriegstagebuch, Seite 221 f., 6. März 1917.

336 Jünger, In Stahlgewittern, Seite 288.

337 Jünger, Wäldchen 125, Seiten 206–210.

338 Ebenda, Seite 210.

gerei entsprach Jüngers persönlicher Neigung, hatte er doch dreimal vergeblich versucht, eine Versetzung zu den Jagdfliegern zu erreichen. Möglicherweise war Jünger aber auch der sehr geschickt inszenierten Propaganda verfallen, die gerade mit den sehr jungen Jagdfliegern dem ansonsten anonymen Krieg aus Sicht des Militärs individuelle Helden mit Namen und Gesicht vorstellen konnte. Man denke nur an das Aufhebens, das um den ›Roten Baron‹, Manfred Freiherr von Richthofen, im Prinzip bis heute gemacht wird.

Neben der Dimension des Luftkampfes brachte Jünger auch den Kampf unter der Erde zur Sprache, indem er ein konstruiertes (weil im Tagebuch nicht erwähntes) Gespräch mit dem Führer des rechten Nachbarabschnitts wiedergab, einem ehemaligen Pionieroffizier, der mittlerweile bei der Infanterie diente. In diesem Gespräch veranschaulichte Jünger die frühere Bedeutung der Pioniere, die »mit maschinenhafter Arbeitsteilung kämpfen und dazu bestimmt sind, der Masse die Bresche zu schlagen«.[339] Den Gesprächsverlauf nutzte Jünger dazu, anschauliche Beispiele aus dem unterirdischen Krieg der Mineure darzustellen und so eine weitere Dimension des Krieges in seiner ›Chronik aus den Grabenkämpfen‹ abzubilden.

Als ein schriftstellerischer Höhepunkt in Jüngers Veröffentlichung muss die sehr plastische und mitreißende Schilderung des Sturms gegen das Wäldchen 125 erwähnt werden.[340] Jünger begann den Abschnitt mit einer atmosphärisch dichten Beschreibung des Zustands der Truppe, die sich nach Tagen in Vorderer Linie als neue Reservekompanie in der Hauptwiderstandslinie einrichtete, wie die Anspannung langsam nachließ, wie die Soldaten zur Ruhe kamen, sich mit Briefeschreiben oder der Pflege ihrer Ausrüstung beschäftigten. Durch die ersten Meldungen über »grüne Leuchtkugeln über dem Wäldchen« und dem Auftauchen von ersten Meldesoldaten, die Sanitäter mit Atemschutzgeräten nach vorn bringen sollten, begann sich in Jüngers Kompaniestellung eine gewisse Unruhe breitzumachen. Jünger vermerkte seine Zweifel als Kompanieführer:

> *Das Unangenehmste ist noch das Gefühl der Verantwortlichkeit, das den Führer befällt und stets eine zweifelhafte und unruhige Stimmung hervorruft. Soll ich alarmieren? Eine Streife nach vorn*

339 Jünger, Wäldchen 125, Seite 221.
340 Ebenda, Seiten 313–336.

schicken? Einfach abwarten? Eine Lage mag scheinbar noch so einfach sein, im Ernstfalle ist sie doch immer von einer merkwürdigen Verworrenheit, und man hat stets das Gefühl, daß man etwas sehr Wichtiges vergessen könnte. Es kommen auch die unglaublichsten Versäumnisse vor, die nur durch diesen außergewöhnlichen Zustand des Gemütes zu erklären sind.[341]

Dann beschrieb Jünger die ersten Verwundeten, die aus dem Wäldchen 125 an der Kompaniestellung vorbei nach hinten gebracht wurden: Die Sanitätssoldaten

schleppen Segeltuchbahren, auf denen Leute mit stieren Augen und kirschroten Gesichtern liegen. Zuweilen werden sie abgesetzt und aus kleinen Sauerstoffbomben gelabt. Es ist ein sehr unangenehmer Anblick. Die großen Granaten [auf das Wäldchen] haben Kohlenoxydgase entwickelt, die sich an den tiefen Stellen gesammelt und betäubend gewirkt haben.[342]

Dieser Umstand nach einer Beschießung des Wäldchens wird auch im Kriegstagebuch vermerkt:

Da am Morgen Gipkens leicht verschüttet worden war und die B, C und D-Komp. überhaupt im Verhältnis zur Gefechtsstärke große Verluste hatten, bekam Lindenberg Befehl, mit seiner Komp. das Wäldchen zu besetzen, er kam jedoch zurück und meldete ein Durchkommen sei ausgeschlossen. Da die Feuerüberfälle gegen Abend immer gemeiner wurden, bekamen die Komp. Befehl, die beabsichtigte Ablösung nicht auszuführen, sondern sich zum evtl. Gegenstoß bereit zu halten.[343]

---

341 Jünger, Wäldchen 125, Seite 316.

342 Ebenda, Seite 317.

343 Jünger, Kriegstagebuch, Seite 406, 28. Juni 1918. – In den ›Stahlgewittern‹ wurde die Gasvergiftung von Soldaten der am Wäldchen 125 eingesetzten Kompanie mit einem einzigen Satz lediglich erwähnt: »Infolge der Explosionsgase war dort ein Teil der sechsten Kompanie an Kohlenoxydvergiftung erkrankt.«, Seite 586. Schon in der ersten Überarbeitung für die Ausgabe 1922 schrieb sich Jünger hingegen eine aktive Rolle zu: »Wir mußten wie die Taucher mit Sauerstoffapparaten in die Stollen hinabsteigen, um die Bewußtlosen heraufzuholen. Sie hatten kirschrote Gesichter und atmeten schwer wie in einem bösen Traum.« – Ebenda, Seite 587. Jünger nutzte also schon in den ›Stahlgewittern‹ dieses Vorkommnis, um seine eigene Rolle heldenhaft zu erhöhen.

Während nach den weiteren Notizen im Kriegstagebuch ein solcher Gegenstoß nicht erfolgte und Jünger hingegen mit seiner Kompanie noch in der Nacht die 12. Kompanie im äußerst rechten Abschnitt A abgelöst hatte, nahm die literarische Ausformulierung in der ›Chronik‹ an Fahrt auf. Man kann davon ausgehen, dass das im Folgenden geschilderte Geschehen sich so zugetragen haben könnte, ausweislich Jüngers Tagebuch und den Aufzeichnungen der Regimentschronik aber nicht dem realen Verlauf des Gefechts entsprach.

Zunächst wurden die Vorbereitungen der Kompanie für die Nacht geschildert. Dann erwähnte Jünger in großer Ausführlichkeit und Detailtreue einen wirren Traum, der ihn in seinem Unterstand befiel. Aus dem Traum erwacht, wurde Jünger durch rote Leuchtkugeln aus dem Wäldchen 125 alarmiert. Jünger hielt die auf den Kompanieführer einwirkenden Eindrücke und dessen Gedanken in dieser Situation fest, wie er sie wohl schon unzählige Male in diesem Krieg hatte:

> *Der Artilleriekampf ist in vollem Gange, vorn brodelt es wie in einem kochenden Kessel. Über die Böschung blitzt ein Feuerwerk von Leuchtkugeln aller Farben auf. Aus dem Dorf erschallen die schmetternden Abschüsse unserer Geschütze, die blechern krachen, als ob sie hinter dem Graben ständen. Dazwischen schlagen mit kurzem, zischenden Schleifen Granaten ganz in der Nähe ein. Es ist ein höllischer Wirrwarr, in dem kein klarer Gedanke zu fassen ist. […] Für solche Lagen muß Napoleon in der gewohnten prächtigen Kürze das Wort vom Zwei-Uhr-Morgens-Mute erfunden haben. Es ist das Unheimlichste, was man sich denken kann, […]. Daher fühlt sich der Einzelne in dieser Finsternis unglaublich verlassen und schutzlos in ein unberechenbares und unbarmherziges Getriebe verstoßen. Dazu soll noch gedacht und gehandelt werden, es gilt, im Laufe von Sekunden unwiderrufliche Entschlüsse zu fassen. Gewiß ist alles meist sehr einfach, aber was hilft das in einer Stimmung, in der man sich kaum auf seinen eigenen Namen besinnen kann? […] Aber hier liegt die Sache sehr klar: Wir sind Einsatzkompagnie für das Wäldchen 125, wir haben das Zeichen für den feindlichen Angriff gesehen, also müssen wir vor.*[344]

344 Jünger, Wäldchen 125, Seite 323 f.

Jünger schilderte dann ausführlich und in seinem bekannt packenden Stil das Vorgehen seiner Kompanie aus der Hauptwiderstandslinie auf das Wäldchen 125 zu. Jünger erinnerte an die befreiende Wirkung der Möglichkeit des Losstürmens der Soldaten im feindlichen Artilleriefeuer:

Wir empfinden es als Wohltat, antreten zu können. Sowie man sich nur etwas bewegen kann, und sei es auf das größte Unglück zu, hat man schon etwas mehr das Gefühl, auf das Schicksal einwirken zu können. […] Es ist sonderbar, wie erregend die bloße Tätigkeit des Laufens wirkt, sei es, weil das Blut sich in heftigeren Wellen in das Gehirn wirft und so die Wahrnehmungen nebensächlicher erscheinen läßt, oder sei es, weil der Wille so beschäftigt wird, daß man zur Angst gar keine Zeit mehr findet, jedenfalls ruft diese Anstrengung allmählich eine keuchende Verbissenheit wach, die geradewegs auf die Gefahr zustürmt und es nicht einmal für nötig erachtet, ihr auszuweichen.[345],

die Änderung des Verhaltens zum Instinktmäßigen:

Man ist sich der Gefahr nicht mehr bewußt, man kümmert sich nicht mehr um sie, wie ein Stier, dem man zu lange das rote Tuch vor die Augen gehalten hat. […] Es ist, als ob es eine Witterung gäbe, die sich nicht über die Nähe des Feindes täuschen kann, ein feines Ahnungsvermögen, dessen man nur noch in diesen Augenblicken der seelischen Auflösung und sonst nirgends mehr fähig ist.[346],

die Entwicklung zum rauschhaften Ansturm der vorgehenden Soldaten:

Es ist eine sinnlose Erbitterung, die irgend ein Ziel finden muß, um sich zu entladen, und die sich diesem Ziele nahe wähnt. Durch die schrecklichen Vorbereitungen, die das Gemüt verwirren und in einen hochgesteigerten Rauschzustand versetzen, ist die Sinnlosigkeit, die völlige Todesverachtung und die kochende Wut zu erklären […].[347]

---

345 Jünger, Wäldchen 125, Seite 324 ff.
346 Ebenda, Seite 327.
347 Ebenda.

bis zum eigentlichen Sturm und Einbruch in das Wäldchen 125. Diese Seiten liest man mit angehaltenem Atem. Und man merkt ihnen an, dass hier ein im Gefecht erprobter Infanterieoffizier des Ersten Weltkriegs seine Gefechtseindrücke beim Sturm gegen eine feindliche Stellung sehr eindringlich und plakativ niederzuschreiben versteht. Dass dieser Sturm auf das Wäldchen 125 in Wirklichkeit so nicht stattgefunden hat, ist dann als literarisches Konstruktionsmittel zu verzeihen.

Ebenso gelungen ist die Schilderung des Gefechtsstands des Kampftruppenkommandeurs, den Jünger mit all den sich dort aufhaltenden Soldaten, deren Stimmungen und deren Verfasstheiten ausmalte. Jünger stellte eine allgemein niedergeschlagene Stimmung fest, die durch die Unsicherheit der Lage und das Einbrechen des Gegners in den Abschnitt des linken Nachbarregiments (was laut Jüngers Tagebuch tatsächlich geschehen war)[348] noch verstärkt wurde. In diese Stimmung fiel die Meldung eines verwundeten Soldaten an den Kommandeur, dass das Wäldchen 125 verloren sei:

> *»Herr Rittmeister«, sagt er, »ich melde, daß das Wäldchen 125 genommen ist. Wir haben starke Verluste gehabt, Leutnant V. [Vorbeck] und Leutnant K. [Kasten] sind durch Kopfschuß gefallen. Der Rest der Kompagnie hat sich am Heckengraben verschanzt und hält die neue Stellung. Wir brauchen Handgranaten und Maschinengewehrmunition.« Es ist sehr still geworden, selbst die Verwundeten haben schweigend zugehört.*[349]

Auch hier nutzte Ernst Jünger als Schriftsteller die dramatische Zuspitzung wie in einer klassischen Heldentragödie durch den sogenannten Botenbericht:

> *So klingt das, was der Bote der wenigen Überlebenden der Besatzung des Wäldchens eben gesprochen hat, wie der Urteilsspruch einer höheren Gewalt, aber wie ein Urteilsspruch, dessen man sich trotz seiner Härte nicht zu schämen braucht.*[350]

---

348 Jünger, Kriegstagebuch, Seite 408, 19. Juli 1918: »Ich erfuhr, daß der Bogen in der Stellung beim Wäldchen 125 geräumt werden solle, da die Würtenberger [sic!] links von uns den Gegner vor 3 Tagen in die Hauptwiderstandslinie kommen lassen hatten und bislang noch nicht fähig gewesen waren, ihn wieder herauszuwerfen.«

349 Jünger, Wäldchen 125, Seite 343.

350 Ebenda, Seite 345.

Der Kommandeur gab daraufhin seine Befehle, auch an Jünger und seine Kompanie: »Es ist der kurze und klare Auftrag, den Leuten am Heckengraben Munition zu bringen und dann mit der Kompagnie bis in den Elbinger-Weg zu rücken, um die Stellung nach links abzuriegeln.«[351]

Die letzten knapp 20 Seiten der ›Chronik aus den Grabenkämpfen‹ sind eben diesem Auftrag gewidmet, der sich im Kriegstagebuch so nicht wiederfindet, also aller Wahrscheinlichkeit so auch nicht an Jüngers Kompanie gegeben wurde. Jünger berichtete in der ›Chronik‹ über sein damaliges Vorgehen mit der Kompanie durch den Puisieux-Weg und die dort gemachten Beobachtungen, sei es das anhaltende, aber wenig gezielte Artilleriefeuer, die Spuren des Handgranatenkampfes oder das Aussehen der dort Gefallenen. Schließlich tauchte in der Beschreibung auch das Motiv des gefallenen englischen (in Wirklichkeit: neuseeländischen) Offiziers auf:

> *An der Kreuzung dieser Trichtermulde mit dem Heckengraben ist auch noch, vielleicht als letzter, der Offizier dieses Stoßtrupps gefallen, er hält den Coltrevolver noch in der Faust. Es ist keine Verwundung an seinem Körper zu sehen, die tadellose Uniform und das peinlich genau sitzende Lederzeug stechen seltsam von der wüsten Unordnung ab, die ihn umgibt. Sogar die Mütze, die er statt eines Stahlhelms trägt, hat er nicht verloren, ich beuge mich zu ihm hinunter und lese in der Dämmerung ›Otago-Rifles‹ auf dem geschweiften bandförmigen Mützenschild.*[352]

Die dort vorn aushaltenden verbleibenden Soldaten der Kompanie aus dem Wäldchen wurden mit Munition versorgt, und Jünger ging zum zweiten Teil seines Auftrags über, dem Besetzen des Elbinger Weges, der sich ihm wie ein dunkles, drohendes Tor zeigte, und dem Abriegeln der Stellung nach links. Dabei schilderte Jünger das Vorgehen seiner weniger als 50 Mann starken Kompanie entlang des dunklen Grabens, das Niederkämpfen einer feindlichen Barrikadenbesatzung sowie das Verfolgen des Gegners entlang der Stellung. Dabei nutzte Jünger den Raum, den ihm als Schriftsteller eine umfangreichere Darstellung bot, um minutiös und ausführlich das Zusammenspiel der unterschiedlichen Funktionen der

351 Jünger, Wäldchen 125, Seite 345.
352 Ebenda, Seite 348.

Soldaten während eines solchen Vorgehens im Graben zu beschreiben. Der Sturm endete an einer eilig aufgeworfenen gegnerischen Barrikade, die, durch das Gelände begünstigt, nicht durch Jüngers Kompanie genommen werden konnte. Stattdessen errichteten Jüngers Soldaten ihrerseits in einiger Entfernung eine eigene Barrikade und verschanzten sich dahinter. Jünger äußerte hier auch niedergeschlagen die wenig ermutigende Aussicht, dass er sich mit seiner Kompanie an dieser Stelle nicht lange würde halten können, solange keine Verstärkung nach vorne käme.

> *Dann können wir uns unter Umständen noch zwei, drei Tage halten, bis das Kühlwasser der Maschinengewehre verdampft, die Munition verbraucht und der Graben durch ringsherum aufgestellte Minenwerfer und Grabengeschütze kurz und klein geschossen ist. Das ist schon tausendfach vorgekommen, es ist keine erfreuliche Aussicht, aber man muß sich darauf vorbereiten. Wenn wir früher Geschichten von Belagerungen und Verteidigungen bis auf den letzten Mann lasen, haben wir uns das ganz anders vorgestellt, aber es ist im Grunde doch immer dasselbe. Nur daß es nicht so glänzend, sondern sehr einsam, sehr verlassen geschieht, daß kein Hahn danach kräht, daß vielleicht niemand über diese letzten und höchsten Anstrengungen berichten kann, […].*[353]

Schließlich erhielt Jünger die Anweisung des Kampftruppenkommandeurs, nach der die Stellungen auf die Hauptwiderstandslinie zurückgenommen und durch das bisherige Ruhebataillon besetzt werden sollten. Dazu sollte Jüngers Kompanie den Heckengraben verlassen und sich in die Ruhestellung am Bahndamm von Achiet begeben. »Die Lage ist überall geklärt, die große Maschinerie wird für ein neues Tagewerk in Bewegung gesetzt.«[354]

In einer letzten beschreibenden halben Seite fasste Jünger in der ›Chronik‹ die restliche Zeit des Regiments am Wäldchen 125 kursorisch zusammen. Dabei erinnern die geschilderten Vorhaben und Abläufe wieder stark an seine im Kriegstagebuch ausführlich notierten Geschehnisse bei seinen beiden räumlich kurz gesteckten Stoßtruppunternehmen Ende Juli 1918, bevor das Regiment dann herausgelöst wurde:

---

353 Jünger, Wäldchen 125, Seite 362.
354 Ebenda, Seite 364.

> *Wir wurden nicht abgelöst, bevor wir nicht dem Wäldchen noch die Stirn geboten hatten. Wir haben versucht es ohne [Artillerie-] Vorbereitung durch Aufrollen des Muldengrabens zu umfassen und sind zurückgeschlagen worden. Dann wurden wir nach eingehender [Artillerie-]Vorbereitung im Heckengraben und im Puisieux-Weg eingesetzt, um es zusammen mit der Sturmkompanie der Division umfassend anzugreifen. Wir hatten auch bei diesem Unternehmen wenig Glück. [...] Dann haben wir zwei Tage lang ein unbekanntes Grabenstück gehalten, in dem zuletzt mehr Leichen als Überlebende lagen, bis wir durch Teile des Regiments 164 endgültig abgelöst wurden.*[355]

Zwar nahm Jünger hier wieder erkennbar Anleihen an seine Aufträge, wie sie im Kriegstagebuch notiert wurden. Doch erhielt er ausweislich seiner Tagebucheintragungen den Befehl zum Aufrollen des Grabens ausdrücklich nur bis zu den jeweils bestimmten Geländepunkten z_1 und t_1 weit südlich des Wäldchens 125, um dem Regiment etwas Vorfeld und damit Abstand zum Gegner zu verschaffen. Von einem »umfassenden Angriff« auf das Wäldchen, gar zusammen mit »der Sturmkompanie der Division«, war dabei aber nicht die Rede. Weder die lediglich ein bis zwei eingesetzten Gruppen der Sturmkompanie noch Jüngers ein bis zwei Gruppen seiner Kompanie, die den Angriffserfolg der Sturmgruppen absichern sollten, wären dazu personell in der Lage gewesen. Auch hier war wohl die schriftstellerische Dramaturgie wichtiger als eine strenge Orientierung an den Tatsachen.

Diese nach einer bestimmten chronologischen Reihenfolge geschilderten Geschehnisse – seien sie in der Wirklichkeit von Jünger selbst erlebt, seien sie aus Erzählungen wiedergegeben oder rein fiktiv – diese erzählenden Abschnitte wurden in den ersten Auflagen durch umfangreiche essayartige Ausführungen zu damals aktuellen militärischen und politischen Diskussionen ergänzt. Doch das Buch zerfiel damit quasi in »zwei deutlich voneinander unterschiedene Teile, einerseits den kontinuierlichen Bericht über die Kriegserlebnisse beim Kampf um ein kleines Waldstück, der die nachträgliche Verklärung des Weltkriegs zum Ort heldischer Persönlichkeitsentfaltung fortsetzte und das in den beiden

355 Jünger, Wäldchen 125, Seite 364 f.

vorhergehenden Büchern geprägte Heldenbild beibehielt, und andererseits die Ausführungen des Autors zu den Themen aus der aktuellen politischen und militärischen Diskussion, die meist beziehungslos in die Kampfschilderungen eingefügt waren und ohne erklärtes Motiv die individualistische Perspektive unterbrachen, die der Tagebuchheld in seinen Berichten über die Fronterlebnisse ausnahmslos einhielt.«[356] Die essayartig ausformulierten Reflexionen Jüngers wurden zwar wie die chronologisch gegliederten Aufzeichnungen über das Kampfgeschehen als damalige Tagebuchnotizen datiert und eingefügt und erweckten damit den Eindruck, die Auffassung des Autors während des Krieges im Sommer 1918 wiederzugeben. Doch wie schon in Jüngers Vorwort in der Erstausgabe von 1924/25 angedeutet, ließen sich die Eindrücke der Nachkriegszeit Anfang der 1920er-Jahre bei der späteren Erarbeitung des ›Wäldchen 125‹ nicht ausblenden:[357] »Es stellte sich bei dieser Arbeit heraus, daß ich nicht mehr imstande war, die Eindrücke der Nachkriegszeit von denen des Krieges zu trennen. Manche Betrachtungen hätten damals noch nicht in dieser Form zum Ausdruck gebracht werden können, sie sind absichtlich zurückdatiert, denn erst jetzt wird die Bedeutung der Dinge klarer […].«[358] Jünger gab damit »unumwunden die Anpassung des Weltbildes im Nachhinein zu, in diesem Fall zur Begründung seiner zuvor kaum vorhandenen nationalen Begeisterung«.[359]

Nach Eva Dempewolf verdankte dieses Buch »seine Entstehung sichtlich gerade der nationalistischen Begeisterung Jüngers, die 1924–26 ihren Höhepunkt erreichte«.[360] In ihrer wegweisenden Untersuchung zu Jüngers Veröffentlichungen über den Ersten Weltkrieg stellte sie heraus, dass eine nationale Sinngebung bei Jünger »erst nachträglich, und zwar erst mehrere Jahre nach Ende des Ersten Weltkrieges eintrat. […] Nationalistische Tendenzen finden sich erst und ausschließlich in den

356 Liebchen, Ernst Jünger, Seite 35.

357 Ebenda, Seite 32 f. Liebchen schreibt, dass die »zum Teil sehr umfangreichen Erörterungen es sorgfältig vermieden, auf Ereignisse aus der Zeit nach dem Sommer 1918 Bezug zu nehmen«.

358 Jünger, Wäldchen 125, Seite 137.

359 Blotzheim, Dirk: Ernst Jüngers ›Heldenehrung‹. Zu Facetten in seinem Frühwerk, Oberhausen (Athena) 2000, Seite 64.

360 Dempewolf, Blut und Tinte, Seite 173.

Fassungen [von ›In Stahlgewittern‹], die zwischen 1924 und 1926 auf den Buchmarkt kamen.«[361] Wenn sich eine solche nationale Begeisterung weder in Ernst Jüngers Tagebuch noch in seinen ersten Veröffentlichungen nachweisen lässt, so stellt sich die Frage, wie sich diese politische Einstellung begründete. Im Jüngerschen Elternhaus sicherlich nicht. Es lohnt daher den Blick zurück auf die Anfangsjahre Jüngers in der Weimarer Republik.

Zunächst im Mai 1919 übernommen in das 100.000-Mann-Heer der Reichswehr, war Jünger dienstlich damit befasst, seine Kriegserfahrungen in aktuelle Dienstvorschriften einzubringen. In einem Brief schrieb Jünger 1982: »General von Taysen, Inspekteur der Infanterie, berief mich nach dem Ersten Weltkrieg in die Vorschriften-Kommission. Ich habe dort mitgearbeitet, und zwar am Abschnitt ›Zug und Gruppe‹ der Gefechtsvorschrift für die Infanterie. Die Einzelheiten sind mir entfallen; Namen wie ›Schützenreihe‹, ›Schützenkette‹ und ›Schützenrudel‹ gehen auf mich zurück.«[362] Joachim Hoppe beschreibt in einem sehr lesenswerten Beitrag die durch Jünger in die Heeres-Dienstvorschrift (HDv) Nr. 130 ›Ausbildungsvorschrift für die Infanterie‹ von 1922 eingebrachten Begriffe zu den Entfaltungsformen der Infanteriegruppe und stellt fest, dass sich diese Begriffe auch noch in der Zentralen Dienstvorschrift (ZDv) 3/11 (›Gefechtsdienst aller Truppen [zu Lande]‹) der Bundeswehr wiederfinden.[363]

In das erste Dienstjahr in der Reichswehr fiel auch die Überarbeitung seiner Tagebücher zur Veröffentlichung von ›In Stahlgewittern‹ im Jahr 1920. Diese Anfangsjahre nach dem Krieg waren jedoch auch geprägt von der persönlichen Bewältigung der Kriegserlebnisse und der Frage nach dem Sinn des Erlebten. Jünger stellte nach dem verlorenen Krieg die Frage nach der Schuld an der Niederlage und suchte nach neuer Orientierung in einer Zeit, die vom Vorwurf der Kriegsschuld, dem Druck der Reparationsleistungen, der militärischen Besetzung sowie vor allem von krisenhaften Geschehnissen in den Anfangsjahren der Weimarer Republik geprägt war. Die bald stereotyp und floskelhaft genutzte Rede-

---

361 Dempewolf, Blut und Tinte, Seite 34.

362 Jünger, Ernst: Siebzig verweht III, Stuttgart (Klett-Cotta) 1993, Seite 214.

363 Hoppe, Joachim: In Schützenreihe und Schützenrudel. Auf den Spuren Ernst Jüngers, in: Soldat und Technik 39 (1996), Heft 2, hrsg. durch das Bundesministerium der Verteidigung Fü S I 4, Seiten 119–121.

wendung von »dem Kriegserlebnis des Weltkrieges« aufseiten der Rechten begründete später den Kult des »Frontsoldaten«.[364] Jünger unterschied sich darin nicht von seinen Zeitgenossen, ja er konnte sich vielmehr als typischer Vertreter der Frontgeneration sehen, die ihre gemeinsame Prägung durch den vierjährigen Krieg erfahren hatte. Was ihn aber aus seiner Generation heraushob, war seine Gedankenschärfe und seine Fähigkeit zur geschliffenen Artikulation auch theoretischer Sachverhalte. Damit entwickelte sich Jünger zum »berufenen Exponenten der jungen Frontgeneration«[365], zum »Sprachrohr für Hunderttausende junger Männer«.[366] Denn nach seiner Entlassung aus der Reichswehr zum 31. August 1923 begann Jünger seine politische Publizistik, die in mehreren thematischen Phasen in verschiedenen Zeitschriften der nationalen Rechten zwischen 1923 und 1930 erschienen.[367] Seine ersten Veröffentlichungen bis etwa Mitte 1925 galten militärfachlichen Fragestellungen. Von September 1925, also nach der Veröffentlichung von ›Das Wäldchen 125‹, bis März 1926 schrieb Jünger insgesamt 19 Aufsätze politischen Inhalts in der Beilage ›Die Standarte. Beiträge zu geistigen Vertiefung des Frontgedankens‹. ›Die Standarte‹ war eine Beilage der Wochenschrift ›Der Stahlhelm. Wochenschrift des Bundes der Frontsoldaten‹. »Jünger verfasste diese Texte im Auftrag der Bundesleitung des ›Stahlhelm‹, um gemeinsam mit einer Reihe Gleichgesinnter eine auf die ehemaligen Frontsoldaten abzielende nationalistische Ideologie zu entwickeln, die den inneren Zusammenhalt des Wehrverbandes stärken sollte. Mit einer Auflage von ungefähr 170.000 Exemplaren erreichten die Beiträge von Ernst Jünger ein relativ breites Publikum, womit zugleich sein Bekanntheitsgrad wuchs.«[368]

Ernst Jünger griff bei der Veröffentlichung von ›Das Wäldchen 125‹ mit seinen in den ausformulierten Tagebuchtext eingeflochtenen Betrachtungen auf aktuell in den frühen 1920er-Jahren diskutierte Themen aus

364 Mommsen, Kriegsalltag, Seite 138.

365 Prümm, Karl: Die Literatur des Soldatischen Nationalismus der 20er-Jahre (1918–1933). Gruppenideologie und Epochenproblematik, Kronberg im Taunus (Scriptor) 1974, Seite 186.

366 Berggötz, Sven Olaf: Politische Publizistik 1923–1930, in: Ernst Jünger-Handbuch, Seite 78.

367 Ebenda, Seite 78 f.

368 Ebenda, Seite 78.

dem Umfeld des später sogenannten »Soldatischen Nationalismus« zurück. Damit ist ein militärisch geprägter Nationalismus gemeint, dessen entscheidender Ausgangspunkt und bindendes Element das gemeinsame Kriegserlebnis darstellte und aus dessen Verständnis heraus Forderungen an die politische und gesellschaftliche Entwicklung der jungen Republik formuliert wurden. Mit dieser Motivation kann auch die Konstruktion der ›Chronik aus den Grabenkämpfen‹ erklärt werden, die den Versuch darstellt, die realen Kriegserlebnisse Jüngers politisch zu erweitern. »Der Rückblick auf das reale subjektive Erlebnis wird auf seine Verwertbarkeit für die Gruppierung des Soldatischen Nationalismus hin konzipiert, aktuelle politische Erfordernisse bestimmen die Darstellung, setzen neue Akzente und bringen neuartige Elemente herein«,[369] so Karl Prümm in seiner Untersuchung über die Literatur des Soldatischen Nationalismus in den Jahren 1918 bis 1933. Jünger unternahm damit eine Auslegung seiner Kriegserlebnisse für die parteipolitischen Interessen des ›Soldatischen Nationalismus‹, dessen »unbestritten wichtigster Autor«[370] dieser Gruppierung er war.

In seinen Ausführungen zu militärischen Themen nahm Jünger eine sehr fortschrittliche Position ein und sparte nicht mit Kritik an den damaligen Verhältnissen im Krieg und in der noch jungen Reichswehr. Jünger machte Führungsfehler eines alternden und rückwärtsgewandten Offizierkorps aus, die zu der sich im Sommer 1918 bereits abzeichnenden Niederlage führte. Die ganze Art der Kriegführung sei überholt und könne nicht zum Erfolg führen. Er bemängelte an anderer Stelle den Sinn von Feldparaden im alten Stil[371] oder die selbst im Schützengraben überbordende Militärbürokratie, welche quasi den Friedensdienst an die Front gebracht hätte: »Wenn man alle diese bis in die Einzelheiten gehenden Anordnungen liest, die sich bis auf den Bau der Latrinen, auf das Einsammeln von Patronenhülsen und Flaschenkorken, bis auf die Zeitangabe, wann die Pferdeschwänze zu stutzen sind, erstrecken, so muß man staunen, welche Unsumme von Organisation und Kraft sich hier verzehrt. [...] So bildet sich eine groteskes Durcheinander von Krieg und Frieden aus.«[372]

369 Prümm, Soldatischer Nationalismus, Seite 186.
370 Ebenda.
371 Jünger, Wäldchen 125, Seite 268 ff.
372 Ebenda, Seite 240.

Dieses durch die Militärhierarchie begründete Bild des Soldaten findet sich nach Jüngers Meinung in der erlebten Realität des Kriegsalltags nicht wieder. Vielmehr habe sich im Stellungskrieg an der Westfront – geprägt durch einen ungeheuren Materialeinsatz und eine zunehmende Technisierung des Krieges – ein neuer Typus des Soldaten entwickelt: »ein Geschlecht, furchtlos und fabelhaft, ohne Blutscheu und rücksichtslos, gewohnt Furchtbares zu erdulden und Furchtbares zu tun und das Höchste an seine Ziele zu setzen. Ein Geschlecht, das Maschinen baut und Maschinen trotzt, dem Maschinen nicht totes Eisen sind, sondern Organe der Macht, die es mit kaltem Verstand und heißem Blute beherrscht.«[373] So forderte er konsequenterweise Anpassungen in der Ausbildung der Soldaten, die sich weniger am preußischen Kasernendrill als vielmehr an den Anforderungen des modernen Krieges orientieren sollten: »Aber wir müssen dazu kommen, mit der unheilvollen Idee der Linie, von der wir uns aus historischen und disziplinarischen Gründen während des ganzen Krieges nicht loslösen konnten, auch endgültig zu brechen. […] Nicht mehr Schulter an Schulter werden wir uns verteidigen, sondern vereinzelt, als Träger riesiger Kräfte, in kleinen Grüppchen, tief im dampfenden Gelände verstreut.«[374] Für diese Kampfweise kam es ihm im Weiteren besonders auf die Schulung der Kampfmoral der deutschen Soldaten an, die seiner Meinung nach dann auch einem materiell überlegenen Gegner mit Erfolg gegenüber treten könnten. Dazu bedürfte es einer moralischen, psychologischen Mobilmachung, die sich an den zu erwartenden Herausforderungen und Dimensionen eines künftigen Krieges orientieren müsse.[375] Als Mittel dachte er dabei auch an die Erkenntnisse der modernen Psychologie[376] und des neuen Mediums Film.[377] Neben solchen eher abstrakten und theoretischen Gedanken betrachtete Jünger aber auch ganz

---

373 Jünger, Wäldchen 125, Seite 198.

374 Ebenda, Seite 156.

375 Ebenda, Seite 163 f.

376 Allerdings schwebte Jünger in diesem Zusammenhang nicht nur die Erforschung der geistig-moralischen Phänomene der kämpfenden Soldaten im Gefecht vor, sondern er dachte an »ein Festlegen sehr einfacher Mittel, die zum Handwerkszeug des Führers werden müssen. Denn wir müssen dazu fähig werden, eine Art Demagogie von oben zu betreiben […]«, also an Einwirkungsmöglichkeiten auf die Soldaten hin zu willenlosen Kämpfern. – Jünger, Wäldchen 125, Seite 286.

377 Ebenda, Seite 312.

konkret die künftigen Anforderungen an die Weiterentwicklung der Truppengattungen Kavallerie, Infanterie und Artillerie sowie der Luftwaffe.[378]

Er machte sich weiter reichende Gedanken über »die Frage nach der weiteren Entwicklung des Krieges [...], eine Frage, deren richtige Beantwortung für jedes Volk, das noch nicht darauf verzichtet hat, eine Rolle in der Welt zu spielen, von schicksalsvoller Bedeutung ist. Die Formentwicklung des Krieges bildet eine Linie, deren Verlauf durch längere und kürzere Zeiten des Friedens unterbrochen wird.«[379] »Kriege müssen von Zeit zu Zeit stattfinden, in ihnen spricht sich der Wille der Natur aus, unmittelbar in die Entwicklungen der größten Lebenseinheiten der Erde einzugreifen [...].«[380] An diesem Zitat wird Jüngers Verständnis vom Krieg als einem Mittel zur Weiterentwicklung der Staatenwelt in Richtung Moderne deutlich. Der durch seine Generation erlebte Weltkrieg markierte mit dessen Mechanisierung und der die gesamten Gesellschaften einbeziehenden Dimension einen bedeutenden Meilenstein auf diesem Weg. Konsequent forderte Jünger die umfassende Verzahnung und Mobilisierung von Staat und Gesellschaft zur Vorbereitung auf einen künftigen Krieg.[381]

Mit seinen Ausführungen zu solchen Fragestellungen stellte sich Jünger in der Anfang der 1920er-Jahre aktuellen Diskussion in militärischen Kreisen auf die Seite der modernen und fortschrittlichen Offiziere, gab deren Positionen anschaulich und sprachgewaltig wieder, setzte aber nur wenig neue Impulse.

Neue Impulse für die politischen Diskussionen in der jungen Weimarer Republik setzte Jünger hingegen mit der nationalistischen Deutung seiner Kriegserlebnisse. Für Jünger musste der Krieg, auch wenn er verloren wurde, vor allem wegen seiner unendlichen Opferzahlen, eine Bedeutung haben, eine Bedeutung zugeschrieben bekommen. Der Weltkrieg musste mehr als nur ein Abenteuer und eine Möglichkeit zur persönlichen Heroisierung gewesen sein. Für ihn wurde der Erste Weltkrieg zum Ausgangspunkt eines neuen, nationalen Deutschlands. Schon im (später gestrichenen) Vorwort der Erstausgabe zum ›Wäldchen 125‹

378 Jünger, Wäldchen 125, Seite 241 f.
379 Ebenda, Seite 241.
380 Ebenda, Seite 296.
381 Ebenda, Seite 250 f.

versuchte Jünger eine nationalistische Sinngebung der Kriegserlebnisse seiner Generation: »In einem Geschehen wurden wir groß, das sich um Ziele bewegte, denen gegenüber der Einzelne, sein Glück und sein Leben als geringfügig angesehen wurden. Tausende fielen um einen Acker, ein Grabenstück, ein Wäldchen oder ein Dorf – mit Recht, denn es war die Gestaltung einer in der Zukunft verborgenen Welt an Besitz oder Verlust eines solchen Landfetzens geknüpft.«[382]

Jünger schrieb über den Glauben an die Rolle und Bedeutung von Volk und Vaterland, der die unbedingte Voraussetzung für einen erfolgreichen militärischen Kampf wäre. Schon im Vorwort hieß es: »Das Wort Vaterland veränderte uns von Grund auf wie eine uralte Zauberformel […]. Die waffenfähige Jugend fand sich vollzählig bei den Regimentern ein, sie zeigte durch die Tat, daß sie der Aufgabe, die die Zeit ihr stellte, gewachsen war, und daß sich das Land auf sie verlassen durfte.« [383] Und später im Buch: »Der behördlich wohlgeregelte Patriotismus ebenso wie die Kräfte, die sich ihm gegenüberstellen, müssen von einem dämonisch aus allen Schichten auflodernden Glauben an Volk und Vaterland verschlungen, jeder anders Fühlende muß mit dem Brandmal des Ketzers behaftet und ausgerottet werden. Wir können gar nicht national, ja nationalistisch genug sein.«[384]

Während die Beschreibung eines neuen, in den Materialschlachten sich herausbildenden modernen Soldatentypus ›In Stahlgewittern‹ schon vorsichtig angelegt ist, baute Jünger im ›Wäldchen 125‹ das Bild einer durch die Kriegserlebnisse geprägten Generation von Frontkämpfern zu einer politischen Vision aus. Verbunden hatte er damit die Forderung nach einer Führungsrolle dieser Generation bei einer nationalistisch-konservativen, militärischen Erneuerung Deutschlands.[385] Hier verortete Jünger auch das künftige Deutsche Reich, das

382 Jünger, Wäldchen 125, Seite 134.

383 Ebenda, Seite 133.

384 Ebenda, Seite 304.

385 »Wir halten für den besten Teil des Volkes den, der dem Feind am nächsten steht, und sollten die großen Entscheidungen [in Deutschland nach dem Krieg] nicht in dessen Sinne getroffen werden, dann kann keine Entscheidung furchtbarer sein.« Und: »Aber wenn wir den Krieg überleben und in das Land zurückkehren sollten und sind diesem Ziele nicht näher gekommen: Wir werden uns nicht so schäbig abspeisen lassen, wie es mit der Jugend von 1813 geschah.« – Jünger, Wäldchen 125, Seite 305.

die Anstrengungen und Opfer des Weltkriegs wert war: »Die Gliederung aller Deutschen in das große Hundertmillionenreich der Zukunft, das ist ein Ziel, für das es sich wohl zu sterben und jeden Widerstand niederzuschlagen lohnt.«[386]

Die essayistischen Ausführungen Jüngers hin zu einer nationalistischen Deutung des Kriegserlebnisses einer ganzen Generation am Beispiel des Kampfes um das Wäldchen 125 geben einen Einblick in die Denkweise der politischen Rechten in den Anfangsjahren der Weimarer Republik. »Politisch krude und stellenweise höchst naiv sind sie [Jüngers Beiträge zur politischen Publizistik] zum anderen Zeugnis für die Gedankenwelt eines jungen Mannes, der sich nach dem Schock des Ersten Weltkriegs auf der Basis einer breiten autodidaktischen Lektüre eigenwillig und teilweise abwegig die Welt erklärte«,[387] fasst Sven Olaf Berggötz Jüngers politische Publizistik in den 1920er-Jahre zusammen. Ein Urteil, das ebenso auf die nationalistische Grundierung des ›Wäldchens 125‹ zutrifft.

Ernst Jünger hat bei der Überarbeitung des Textes für die sechste Auflage im Jahr 1935 fast sämtliche eher theoretischen militärischen wie auch nationalistischen Ausführungen ersatzlos gestrichen. Eva Dempewolf begründet dies mit »Jüngers veränderter Einstellung zum Nationalismus«.[388] Das kam der inneren gedanklichen Struktur des Buches, das sich nun ausschließlich auf die intensive Beschreibung der Geschehnisse am Wäldchen 125 konzentrierte, zugute. Diese Fassung wurde beibehalten und ging nur in dieser gekürzten Form in die späteren Werkausgaben Jüngers ein. Ähnlich wie bei seiner politischen Publizistik, die »auf ausdrücklichen Wunsch des Autors nicht in die sonst nahezu allumfassende Ausgabe der ›Sämtlichen Werke‹ aufgenommen wurden: Der greise Ernst Jünger [des Jahres 1961] war nicht bereit, sich noch einmal seinen kruden und radikalen Äußerungen aus den 1920er-Jahren zu stellen.«[389] Von daher wird an dieser Stelle auch auf eine inhaltliche Auseinandersetzung mit Jüngers Ideen aus den 1920er-Jahren verzichtet.

---

386 Jünger, Wäldchen 125, Seite 305.
387 Berggötz, Politische Publizistik, Seite 84.
388 Dempewolf, Blut und Tinte, Seite 172.
389 Berggötz, Politische Publizistik, Seite 78.

Schlussbemerkungen

Ausgangspunkt dieser Untersuchung der Geschehnisse um das Wäldchen 125 im Sommer 1918 waren Unterschiede in Ton und Inhalt in zwei Veröffentlichungen Ernst Jüngers über seine Erlebnisse im Ersten Weltkrieg. Das knappe Kapitel ›Englische Vorstöße‹ aus Jüngers erster Veröffentlichung der ›Stahlgewitter‹ aus dem Jahr 1920 berichtete rein chronologisch von den Vorgängen um das Wäldchen 125 mit einer präzisen Datierung vom 4. Juni bis zum 27. Juli 1918 sowie mit genauen Ortsangaben, Stellungsbezeichnungen und Referenzpunkten. Die eigenständige Veröffentlichung ›Das Wäldchen 125. Eine Chronik aus den Grabenkämpfen 1918‹ von 1924 vergrößerte diesen Ausschnitt und arbeitete diese Phase zu einem vielschichtigen Panorama des Stellungskriegs an der Westfront aus. Doch mit der »Ausschnittvergrößerung« (Dempewolf) allein lassen sich die inhaltlichen Unterschiede nicht erklären. Zu groß sind die Abweichungen der geschilderten Geschehnisse voneinander.

Schon bei der Befassung allein mit diesen beiden Werken Jüngers wurde deutlich, dass man dabei tief in den vielschichtigen Kosmos Ernst Jüngers und seines literarischen Werkes eintreten muss: Da sind zunächst einmal die durch Jüngers Überarbeitungen vorhandenen sieben verschiedenen Fassungen von ›In Stahlgewittern‹ sowie die sich wesentlich unterscheidenden ersten vier Auflagen des ›Wäldchen 125‹ von den ab 1934 herausgegebenen stark gekürzten Fassungen bis hin zu den Gesamtausgaben. Dank der verdienstvollen Arbeiten von Helmuth Kiesel, der sowohl die historisch-kritische Ausgabe von ›In Stahlgewittern‹ im Jahr 2013 herausgegeben hat wie auch die kleineren autobiografischen Kriegsbücher Jüngers im Jahr 2016, liegen jedoch zuverlässige Textgrundlagen für eine vergleichende Betrachtung vor.

Nimmt man die im Marbacher Literaturarchiv verfügbaren Tagebücher Ernst Jüngers aus dem Ersten Weltkrieg, die seit 2010 in gedruckter Form einer breiten Leserschaft zugänglich sind, als Ausgangspunkt, so kann zunächst ein solides Fundament zu den Vorgängen am Wäldchen 125 im Rahmen der weiteren Untersuchung gelegt werden.

Das Tagebuch zeichnet das Bild eines zu Beginn des Ersten Weltkriegs abenteuerlustigen jungen Mannes, der einem aus Sicht seiner Generation langweiligen, verstaubten bürgerlichen Leben entfliehen wollte. Mit geradezu mikroskopischer Beobachtungsgabe hielt Jünger die Geschehnisse und Erlebnisse in seinem unmittelbaren Umfeld schonungslos, offen und ehrlich fest. Dabei war die eingenommene Perspektive zunächst die eines einfachen Soldaten, später die eines Kompanieführers in den Grabensystemen der Westfront. Jünger vertraute seinem Tagebuch aber auch aufkommende Selbstzweifel, eine phasenweise sinkende Motivation sowie seine Sehnsucht nach einem zivilen bürgerlichen Leben an. Jüngers Tagebuchnotizen aus der Zeit seines Einsatzes am Wäldchen 125 zeichnen sogar einen teilweise unzufriedenen und frustrierten Offizier, der nach vier Kriegsjahren schon zu viel erlebt hat, dessen Leistungen aus seiner Sicht nicht genug gewürdigt wurden und der mit seinen Vorgesetzten und deren Befehlsgebung haderte. Im Tagebuch sparte er nicht mit teilweise ätzender Kritik an seinen vorgesetzten Offizieren. Das Kriegstagebuch zeichnete insgesamt zwar schon ein Persönlichkeitsbild Jüngers als kampferprobter, mutiger Draufgänger und Offizier, das gleichwohl »sehr viel nuancierter und um einiges weniger soldatisch [war] als in den heroisch-stilisierten ›Stahlgewittern‹.«[390]

Wie beispielhaft am Kapitel ›Englische Vorstöße‹ herausgearbeitet, hielt sich Jünger chronologisch und inhaltlich an die im Kriegstagebuch festgehaltenen Geschehnisse beim Einsatz seiner Kompanie am Wäldchen 125. Seine Tagebuchaufzeichnungen bildeten die Grundlage für ›In Stahlgewittern‹, wurden jedoch wie beschrieben literarisch ausgearbeitet, stilistisch und sprachlich ausformuliert sowie insgesamt für die Leserschaft strukturiert und angepasst. Dabei wurde der ursprüngliche Charakter von Tagebuchaufzeichnungen beibehalten, worauf schon der Untertitel in der Erstausgabe »Aus dem Tagebuch eines Stoßtruppführers« hinweist. Im Laufe der häufigen Überarbeitungen hat Jünger seine geschilderten Kriegserlebnisse ›In Stahlgewittern‹ nicht nur sprachlich-stilistisch weiterentwickelt, sondern eben auch inhaltlich teilweise

390 Kiesel, Ernst Jünger im Ersten Weltkrieg, in: Jünger, Kriegstagebuch, Seite 634.

ausgeweitet und neu bewertet. So entstand im Laufe der Zeit ein eigenständiges Werk über seine Erlebnisse während des Ersten Weltkriegs, das nicht nur Ernst Jünger als zupackenden und heldenhaften Offizier zeigte, sondern das sich zunehmend zu einer literarischen Auseinandersetzung mit den Kriegserfahrungen einer ganzen Generation von Frontsoldaten entwickelte. So erklärt sich dann auch, dass der Untertitel sowie der biografische Hinweis auf den Autor als »Kriegsfreiwilliger, dann Leutnant und Kompanie-Führer im Füsilierregiment 73«[391] in die Gesamtausgaben keine Aufnahme mehr fanden. Das Werk hieß fortan schlicht ›In Stahlgewittern‹. Weil sich die ›In Stahlgewittern‹ geschilderten Erlebnisse chronologisch und inhaltlich eng an Jüngers Kriegstagebuch halten, ist die Einordnung des Werks in den Gesamtausgaben in den Abschnitt »Tagebücher – Der Erste Weltkrieg« gerechtfertigt, wenngleich nach Meinung Helmuth Kiesels die Kriegsbücher Jüngers »nicht nur als Erfahrungsberichte zu lesen [sind], sondern als auch als literarische Werke, in denen die Kriegserfahrung eine poetische Umsetzung und nachträgliche ideologische Deutung erfährt«.[392]

Ganz anders verhält es sich mit ›Das Wäldchen 125. Eine Chronik aus den Grabenkämpfen 1918‹. Das Buch ist nach meiner Bewertung ausschließlich als literarisches Werk zu verstehen, das einzelne Bausteine aus den Tagebüchern von ›Wäldchen 125‹ nutzte, um eine nationalistisch aufgeladene Bewertung des Kriegserlebnisses vorzunehmen zu können. Jünger bezog sich zwar prinzipiell auf seine Erlebnisse in dieser Zeit und erweckte seinen Lesern gegenüber den Anschein einer bloßen vertiefenden Betrachtung des Kriegsgeschehens, indem er beispielsweise im Vorwort zum ›Wäldchen 125‹ schrieb: »Es war mein Wunsch, nachdem ich bereits zweimal zum persönlichen Kriegserlebnis das Wort ergriffen hatte, noch einmal einen ganz kleinen Abschnitt herauszugreifen, um an ihm über die äußere Form hinaus die Fülle der Kräfte und Beziehungen auszuführen, in denen sich Menschen unserer Zeit im Kampf gegenüberstehen, und die keineswegs dort aufhören, wo die Flugbahn der Geschosse zu Ende ist.«[393] Auch mit seinem 1934 in die vierte Fassung von

391 Jünger, In Stahlgewittern, Seite 12.
392 Kiesel, Ernst Jünger, Seite 116.
393 Jünger, Wäldchen 125, Seite 136.

›In Stahlgewittern‹ aufgenommenen Hinweis, dass er die »Einzelheiten dieses Kampfes [um das Wäldchen 125] in einer besonderen Beschreibung näher ausgeführt«[394] habe, suggerierte Jünger eine Authentizität der geschilderten Vorkommnisse, die einer Überprüfung anhand des Kriegstagebuchs nicht standhält. Zu groß sind die inhaltlichen Unterschiede, die im ›Wäldchen 125‹ weit über die tatsächlichen Geschehnisse hinausgreifen. Es gibt im Tagebuch Jüngers keine Hinweise über die im ›Wäldchen 125‹ dargestellte persönliche Erkundung des Wäldchens 125, keinen Hinweis auf seinen Überfall auf einen englischen Soldaten während der Ablösung, keine Beschreibung seines Sturms auf das Wäldchen selbst, keine Erwähnung seines anschließenden kampfweisen Vorgehens mit seinen Soldaten im Grabensystem. Hier hat sich Jünger sehr weit von der Realität seiner Kriegserlebnisse gelöst. So muss man die im ›Wäldchen 125‹ geschilderten Vorkommnisse als schriftstellerische Freiheiten werten, die es Jünger erlauben, seiner beabsichtigten Bewertung des Kriegserlebnisses den angemessenen Hintergrund zu geben. Die in den Werkausgaben Jüngers abgedruckte Version des ›Wäldchen 125‹ ist gleichwohl ein fesselnd geschriebenes Stück Prosa, das die Erlebnisse eines Kompanieführers in den Grabenkämpfen 1918 eindrucksvoll und drastisch wiedergibt. ›Das Wäldchen 125‹ darf aber nicht als Tagebuch oder als autobiografische Schrift Jüngers eingeordnet werden – dazu haben sich die dargestellten Ereignisse zu weit von der Realität entfernt.

394 Jünger, In Stahlgewittern, Seite 588.

Literaturverzeichnis

Quellen

Jünger, Ernst: Kriegstagebuch 1914–1918, hrsg. von Helmuth Kiesel, Stuttgart (Klett-Cotta) 2010.

Jünger, Ernst: In Stahlgewittern. Historisch-kritische Ausgabe, hrsg. von Helmuth Kiesel. Die gedruckten Fassungen unter Berücksichtigung der Korrekturbücher, Stuttgart (Klett-Cotta) 2013.

Jünger, Ernst: Krieg als inneres Erlebnis. Schriften zum Ersten Weltkrieg, hrsg. von Helmuth Kiesel, Stuttgart (Klett-Cotta) 2016.

Jünger, Ernst: Kampf als inneres Erlebnis, Berlin (Mittler) 1922.

Jünger, Ernst: Sturm, Hannoverscher Kurier. Zeitung für Norddeutschland, 11. bis 27. April 1923.

Jünger, Ernst: Das Wäldchen 125. Eine Chronik aus den Grabenkämpfen 1918, Berlin (Mittler) 1925.

Jünger, Ernst: Feuer und Blut. Ein kleiner Ausschnitt aus einer großen Schlacht, Magdeburg (Stahlhelm) 1925.

Jünger, Ernst: Afrikanische Spiele, Hamburg (Hanseatische Verlagsanstalt) 1936.

Jünger, Ernst: Feldpostbriefe an die Familie 1915–1918. Mit ausgewählten Antwortbriefen der Eltern und Friedrich Georg Jüngers, hrsg. von Heimo Schwilk, Stuttgart (Klett-Cotta) 2014.

Jünger, Ernst: Leben und Werk in Bildern und Texten, hrsg. von Heimo Schwilk, Stuttgart (Klett-Cotta) 1988.

Jünger, Ernst: Werke (in zehn Bänden), Band 1, Tagebücher I. Der Erste Weltkrieg, Stuttgart (Ernst Klett) 1961.

Jünger, Ernst: Sämtliche Werke (in 18 Bänden und vier Supplement-Bänden), Erste Abteilung, Tagebücher, Band 1, Tagebücher I. Der Erste Weltkrieg, Stuttgart (Klett-Cotta) 1978.

Jünger, Ernst: Siebzig verweht III, Stuttgart (Klett-Cotta) 1993.

Jünger, Ernst: Sämtliche Werke (in 21 Bänden und 1 Supplement-Band), Band 1, Stuttgart (Klett-Cotta) 2015.

Sekundärliteratur

Adkin, Mark: The Western Front Companion. The Complete Guide to How the Armies Fought for Four Devastating Years, 1914–1918, Mechanicsburg (Stackpole Books) 2013.

Berggötz, Sven Olaf: Politische Publizistik 1923–1930, in: Ernst Jünger-Handbuch. Leben – Werk – Wirkung, hrsg. von Matthias Schöning, Stuttgart/Weimar (Metzler) 2014, Seiten 78–85.

Blotzheim, Dirk: Ernst Jüngers ›Heldenehrung‹. Zu Facetten in seinem Frühwerk, Oberhausen (Athena) 2000.

Böhme, Ulrich: Fassungen bei Ernst Jünger, Meisenheim am Glan (Hain) 1972.

Byrne, A. E.: Official History of the Otago-Regiment. New Zealand's Expeditionary Force in the Great War 1914–1918, Dunedin (J. Wilkie & Co) 1921.

Deist, Wilhelm: Verdeckter Militärstreik im Kriegsjahr 1918? in: Der Krieg des kleinen Mannes. Eine Militärgeschichte von unten. Hrsg. von Wolfram Wette, 2. Aufl., München, Zürich (Piper) 1992.

Dempewolf, Eva: Blut und Tinte. Eine Interpretation der verschiedenen Fassungen von Ernst Jüngers Kriegstagebüchern vor dem politischen Hintergrund der Jahre 1920 bis 1930, Würzburg (Königshausen & Neumann) 1992.

Ernst Jünger-Handbuch. Leben – Werk – Wirkung, hrsg. von Matthias Schöning, Stuttgart/Weimar (Metzler) 2014.

Feldman, Gerald D.: Armee, Industrie und Arbeiterschaft in Deutschland 1914 bis 1918, Berlin/Bonn (J. H.W. Dietz Nachf.) 1985.

Fröschle, Ulrich: Sturm (1923), in: Ernst Jünger-Handbuch, Leben – Werk – Wirkung, hrsg. von Matthias Schöning, Stuttgart/Weimar (Metzler) 2014, Seiten 64–69.

Geyer, Michael: Vom massenhaften Tötungshandeln, in: Massenhaftes Töten. Kriege und Genozide im 20. Jahrhundert, hrsg. von Peter Gleichmann und Thomas Kühne, Essen (Klartext) 2004, Seiten 105–142.

Hardach, Gerd: Der Erste Weltkrieg 1914–1918, hrsg. von Wolfgang Fischer, München (dtv) 1973. (= Geschichte der Weltwirtschaft im 20. Jahrhundert)

Hirschfeld, Gerhard und Gerd Krumeich: Deutschland im Ersten Weltkrieg, Frankfurt (Fischer) 2013.

Hoppe, Joachim: In Schützenreihe und Schützenrudel. Auf den Spuren Ernst Jüngers, in: Soldat und Technik 39 (1996), Heft 2, hrsg. durch das Bundesministerium der Verteidigung Fü S I 4.

Ketelsen, Uwe-K.: Das Wäldchen 125. Eine Chronik aus den Grabenkämpfen 1918 (1924/1925), in: Ernst Jünger-Handbuch, Leben – Werk – Wirkung, hrsg. von Matthias Schöning, Stuttgart/Weimar (Metzler) 2014, Seiten 70–73.

Kiesel, Helmuth: Ernst Jünger. Die Biographie, München (Siedler) 2007.

King, John: »Wann hat dieser Scheißkrieg ein Ende?«. Writing and Rewriting the First World War, Das Luminar: Schriften zu Ernst und Friedrich Georg Jünger, Bd. 2, Schnellroda (Antaios) 2003.

Krull, Wilhelm: Im Foyer des Todes. Zu Ernst Jüngers ›In Stahlgewittern‹ und anderen Texten über den Ersten Weltkrieg, in: Text und Kritik. Zeitschrift für Literatur, hrsg. von Heinz Ludwig Arnold, München, Heft 105/106 (1990).

Leonhard, Jörn: Die Büchse der Pandora. Geschichte des Ersten Weltkriegs, München (C. H. Beck) 2014.

Liebchen, Gerda: Ernst Jünger. Seine literarischen Arbeiten in den zwanziger Jahren. Eine Untersuchung zur gesellschaftlichen Funktion von Literatur, Bonn (Bouvier) 1977.

Michels, Eckard: Die »Spanische Grippe« 1918/19. Verlauf, Folgen und Deutungen in Deutschland im Kontext des Ersten Weltkriegs, in: Vierteljahreshefte für Zeitgeschichte, Bd. 58, Nr. 1, München 2010, Seiten 1–33.

Mommsen, Wolfgang J.: Kriegsalltag und Kriegserlebnis im Ersten Weltkrieg, in: Militärgeschichtliche Zeitschrift (MGZ) 59 (2000), Seite 125–138.

Mommsen, Wolfgang J.: Die Urkatastrophe Deutschlands. Der Erste Weltkrieg 1914–1918, Zehnte, völlig neu überarbeitete Auflage, Stuttgart (Klett-Cotta) 2002. (= Gebhardt. Handbuch der deutschen Geschichte, Bd. 17)

Pöhlmann, Markus: Der Panzer und die Mechanisierung des Krieges. Eine deutsche Geschichte 1890 bis 1945, Paderborn (Schöningh) 2016.

Prümm, Karl: Die Literatur des Soldatischen Nationalismus der 20er-Jahre (1918–1933). Gruppenideologie und Epochenproblematik, Kronberg im Taunus (Scriptor) 1974.

Raths, Ralf: Vom Massensturm zur Stoßtrupptaktik. Die deutsche Landkriegstaktik im Spiegel von Dienstvorschriften und Publizistik 1906 bis 1918, Freiburg i. Br./Berlin/Wien (Rombach) 2009.

Schwilk, Heimo: Ernst Jünger. Ein Jahrhundertleben. Die Biographie, München (Piper) 2007.

Showalter, Dennis E.: Niedergang und Zusammenbruch der deutschen Armee 1914–1919, in: Deutsche Umbrüche im 20. Jahrhundert, hrsg. von Dietrich Papenfuß und Wolfgang Schieder, Köln (Böhlau) 2000, Seiten 39–61.

Stachelbeck, Christian: Militärische Effektivität im Ersten Weltkrieg. Die 11. Bayerische Infanteriedivision 1915 bis 1918, München (Schöningh) 2010.

Stachelbeck, Christian: Deutschlands Heer und Marine im Ersten Weltkrieg, München (Oldenbourg) 2013.

Stevenson, David: Der Erste Weltkrieg 1914–1918, Düsseldorf (Albatros) 2010.

Strachan, Hew: The Morale of the German Army 1917–1918, in: Facing Armageddon. The First World War Experienced, hrsg. von Hugh Cecil, Peter H. Liddle, London (Pen & Sword) 1996, Seiten 383–398.

Thoß, Bruno: Militärische Entscheidung und politisch-gesellschaftlicher Umbruch. Das Jahr 1918 in der neueren Weltkriegsforschung, in: Kriegsende 1918. Ereignis, Wirkung, Nachwirkung, im Auftrag des Militärgeschichtlichen Forschungsamtes hrsg. von Jörg Duppler und Gerhard P. Groß, München (R. Oldenbourg) 1999, Seiten 17–37.

Transfeldt: Wort und Brauch im deutschen Heer, Hamburg (Helmut Gerhard Schulz) 1976.

Ulrich, Bernd/Benjamin Ziemann (Hrsg.): Frontalltag im Ersten Weltkrieg. Ein Historisches Lesebuch, Essen (Klartext) 2008.

Voigt, Hans: Geschichte des Füsilier-Regiments Generalfeldmarschall Prinz Albrecht von Preußen (Hann.) Nr. 73, im Auftrage des Füsilierbundes 73 nach amtlichen Unterlagen und unter Mitarbeit von Mitkämpfern bearbeitet und herausgegeben von Hans Voigt, Oblt. d. Res. im Inf.-Rgt.73, ehemals Lt. d. Res. u. Komp.-Führer im Füs.-Regt. 73. Mit zahlreichen Gefechtsskizzen, Übersichtskarten, Bildern und einer Ehrentafel. Berlin (Bernard & Graefe) 1938.

Ziemann, Benjamin: Enttäuschte Erwartung und kollektive Erschöpfung, in: Kriegsende 1918. Ereignis, Wirkung, Nachwirkung, im Auftrag des Militärgeschichtlichen Forschungsamtes hrsg. von Jörg Duppler und Gerhard P. Groß, München, (R. Oldenbourg) 1999, Seiten 165–182.

Abbildungsverzeichnis

Seite 32

Abbildung 1: Die Bewegungen des Füsilierregiments 73 von 1914 bis 1918, in: Voigt, Hans: Geschichte des Füsilier-Regiments Generalfeldmarschall Prinz Albrecht von Preußen (Hann.) Nr. 73, im Auftrage des Füsilierbundes 73 nach amtlichen Unterlagen und unter Mitarbeit von Mitkämpfern bearbeitet und herausgegeben von Hans Voigt, Oblt. d. Res. im Inf.-Rgt.73, ehemals Lt. d. Res. u. Komp.-Führer im Füs.-Regt. 73. Mit zahlreichen Gefechtsskizzen, Übersichtskarten, Bildern und einer Ehrentafel. Berlin (Bernard & Graefe) 1938, Seite 772.

Seite 46/47

Abbildung 2: Aufbau eines Schützengrabens, in: Der Große Duden. Bildwörterbuch der deutschen Sprache, bearbeitet von der Fachschriftleitung des Bibliographischen Instituts, hrsg. von O. Basler, Leipzig 1938, Seite 404/405, Tafel 218, abgedruckt in: Ulrich, Bernd/Benjamin Ziemann (Hrsg.): Frontalltag im Ersten Weltkrieg. Ein Historisches Lesebuch, Essen (Klartext) 2008, Seite 38 f.

Seite 48

Karte 1: Stellungsverlauf am Wäldchen 125 bei Übernahme des Abschnitts am 9. Juni 1918, in: Voigt, Hans: Geschichte des Füsilier-Regiments Generalfeldmarschall Prinz Albrecht von Preußen (Hann.) Nr. 73, im Auftrage des Füsilierbundes 73 nach amtlichen Unterlagen und unter Mitarbeit von Mitkämpfern bearbeitet und herausgegeben von Hans Voigt, Oblt. d. Res. im Inf.-Rgt.73, ehemals Lt. d. Res. u. Komp.-Führer im Füs.-Regt. 73. Mit zahlreichen Gefechtsskizzen, Übersichtskarten, Bildern und einer Ehrentafel. Berlin (Bernard & Graefe) 1938, Seite 673.

Seite 63

Abbildung 3: Handkarte Ernst Jüngers vom Wäldchen 125, in: Ernst Jünger. Arbeiter am Abgrund, Marbacher Katalog 64, Deutsche Schillergesellschaft 2010, Seite 182.

Seite 70

Karte 2: Stellungsverlauf am Wäldchen 125 am 7. Juli 1918 auf der Grundlage von Karte 1 mit Eintragungen zum Stellungsverlauf durch den Autor

Seite 73

Karte 3: Stellungsverlauf am Wäldchen 125 am 15. Juli 1918 auf der Grundlage von Karte 1 mit Eintragungen zum Stellungsverlauf durch den Autor

Seite 77

Abbildung 4: Ernst Jünger als Stoßtruppführer, in: Ernst Jünger: Leben und Werk in Bildern und Texten, hrsg. von Heimo Schwilk, Stuttgart (Klett-Cotta) 1988, Seite 68.

Seite 80

Abbildung 5: Prinzipskizze aus Jüngers Tagebuch zum Stoßtrupp am 21. Juli 1918, in: Jünger, Ernst: Kriegstagebuch 1914–1918, hrsg. von Helmuth Kiesel, Stuttgart (Klett-Cotta) 2010, Seite 411.

Seite 95

Abbildung 6: Skizze aus Jüngers Tagebuch zum Handgemenge am 25. Juli 1918, in: Jünger, Ernst: Kriegstagebuch 1914–1918, hrsg. von Helmuth Kiesel, Stuttgart (Klett-Cotta) 2010, Seite 415.

Abkürzungsverzeichnis

Art, Artl.	Artillerie
Batl.	Bataillon
BTK, auch B.T.K.	Bereitschaftstruppenkommandeur war der eingeteilte Führer, der mehrere Kompanien in der Bereitschaft führte und deren Einsatz koordinierte.
engl.	englischer, englische, englisch
fdl.	feindlicher, feindliche, feindlich
Fahnj.Utoffz	Fahnenjunker Unteroffizier
Füs, Füs.	Füsilier, niedrigster Mannschaftsdienstgrad
Gefr.	Gefreiter
Hptm.	Hauptmann
Komp, Komp.	Kompanie, Kompanien
KTK, auch K.T.K.	Kampftruppenkommandeur war der eingeteilte Führer, der mehrere Kompanien in vorderster Linie führte und deren Einsatz koordinierte.
Ltn.	Leutnant
Ltn d.R.	Leutnant der Reserve
M.G., MG, lMG	Maschinengewehr, leichtes Maschinengewehr
nördl.	nördlich
Offz.	Offizier
OHL	Oberste Heeresleitung war der Chef des Generalstabs des Feldheeres; seit August 1916 stand Generalfeldmarschall von Hindenburg an der Spitze der 3. OHL und wurde dabei von seinem Chef des Stabes, General von Ludendorff, unterstützt, der die eigens für ihn geschaffene Position des Ersten Generalquartiermeisters bekleidete.

Patr.	Patrouille
Regt.	Regiment
Sgt.	Sergeant
Stoß-Komp.	Stoßkompanie
südl.	südlich
Utoffz.	Unteroffizier
Vzfw.	Vizefeldwebel